PAC O STRAEON RYGBI

Pac o Straeon Rygbi

Golygydd
Alun Wyn Bevan

Argraffiad cyntaf—2000

ISBN 1 89502 917 5

Cyhoeddwyd dan gynllun comisiynu
Cyngor Llyfrau Cymru.

Dymuna'r cyhoeddwyr gydnabod cymorth
Adrannau Cyngor Llyfrau Cymru.

Argraffwyd gan
Wasg Gomer, Llandysul, Ceredigion SA44 4QL

Cynnwys

Cynllun 007

Hefin Jones

'Bachan, Rhydian, beth sy wedi digwydd i ti?' bloeddiodd Mr Evans, athro Addysg Gorfforol Ysgol Uwchradd Brynbugail. Roedd yn amlwg wedi'i synnu wrth weld cwlffyn o fachgen tal a chydnerth yn sefyll o'i flaen.

'Ydy dy dad wedi gorfod gosod drysau newydd yn y tŷ dros yr haf i ti allu fynd i mewn heb blygu dy ben?' ychwanegodd yn bryfoclyd.

Gwenodd Rhydian. Roedd wedi hoffi Mr Evans o'r dechrau un. Doedd e byth yn cyfeirio at ei ddiffygion, dim ond ei annog yn dawel fach i ymarfer er mwyn gwella'i sgiliau rygbi.

Ond roedd diffyg cryfder, diffyg cyflymder, ac yn bennaf diffyg taldra wedi arwain at ddiffyg hyder ofnadwy yn Rhydian. Doedd e byth wedi cael ei wahodd i sesiwn ymarfer ar ôl ysgol, a doedd e byth yn cael gwahoddiad i chwarae o gwmpas gyda'r bêl amser cinio chwaith.

Ond daeth tro ar fyd i Rhydian. Yn ddisymwth, bron dros nos, fe dyfodd ryw saith centimetr. Roedd yn union fel pe bai rhywun wedi ei roi i sefyll mewn tail hud. Bellach roedd Rhydian ben ac ysgwyddau'n uwch na'i gyfoedion.

'Mae'n well i fi ystyried newid ychydig ar y tîm eleni, rwy'n credu. Fydde diddordeb gyda ti i chware rygbi dros yr ysgol?' gofynnodd Mr Evans.

Diddordeb mewn chwarae rygbi! Teimlai Rhydian ei galon yn cyflymu. Roedd yn teimlo cymaint o gyffro fel na allai ateb, felly nodiodd yn wyllt i gadarnhau hyn.

Dechreuodd ei feddwl grwydro'n syth. Rhedeg mas ar y Strade i sŵn canu 'Sosban Fach' a dewiswyr Cymru wedi dod yno'n unswydd i'w weld yn perfformio. Nhw'n cael eu plesio cymaint fel iddynt ei ddewis i arwain Cymru yn erbyn Lloegr yn Stadiwm y Mileniwm, ac yntau'n disgleirio yn y gêm honno hefyd, wrth gwrs.

'Ti'n gwbod fod ymarfer ar ôl ysgol bob nos Fercher. Dere draw i weld shwt siâp sydd arnat ti. Rŷn ni wastad yn brin o ail-reng.'

Ail-reng! Roedd Rhydian ar fin dweud mai maswr oedd e yn ei holl freuddwydion, ond roedd Mr Evans wedi diflannu.

Gyda theimladau cymysg iawn yr aeth Rhydian i'r sesiwn ymarfer cyntaf. Er y diddordeb, a'r awydd i lwyddo, teimlai'n ofnus iawn y byddai'n sefyll mas fel chwaraewr lletchwith a thrwsgwl.

Gwaethygodd pethau pan welodd Gruffydd,

maswr dawnus a chapten y tîm, ar ddechrau'r sesiwn ymarfer.

'Hei, drychwch bois. Ma' Llipryn Llwyd wedi dod i'n gweld ni. Wyt ti'n gwbod pa siâp yw pêl rygbi, Llipryn?'

Suddodd calon Rhydian; roedd wedi anghofio fod gan Gruffydd gymaint o ddylanwad ar dîm yr ysgol.

Sylweddolodd o'i ddiwrnod cyntaf yn Ysgol Uwchradd Brynbugail mai un i'w osgoi oedd Gruffydd, a gwnaeth ei orau i wneud hynny bob amser.

Doedd e byth wedi hoffi pobl oedd yn taflu eu pwysau o gwmpas, a gwneud hwyl am ben eraill, ac fe fu Rhydian yn ddigon hy, neu'n ddigon ffôl, i ddweud hynny wrtho hefyd. Byth ers hynny, roedd Gruffydd wedi ceisio gwneud bywyd ysgol yn anodd i Rhydian.

O dipyn i beth, roedd Rhydian wedi llwyddo i wneud ffrindiau newydd a chadw mas o'i ffordd. Ond nawr doedd dim modd ei osgoi.

Clywodd rai o'r chwaraewyr eraill yn pwffian chwerthin y tu ôl iddo, ond gwyddai Rhydian mai cadw ar ochr iawn y capten oedd eu bwriad.

Dechreuodd Rhydian gerdded tuag at Mr Evans ond clywodd hefyd fygythiad cas Gruffydd o'r tu ôl iddo, 'Rwy'n edrych ymlaen at y ryc cyntaf, Llipryn.

Gobeithio dy fod di'n fwy tyff na ti'n edrych. Gêm galed yw hon, cofia. 'Sdim un llipryn yn llwyddo mewn rygbi.'

Pan gyrhaeddodd draw at Mr Evans, roedd e eisoes wedi dod â'r blaenwyr at ei gilydd am sgwrs.

'Fel y gwelwch chi, mae Rhydian Llwyd yma heno. Rwy'n credu y bydd ei daldra'n bwysig iawn i ni yn y leiniau. Felly bant â chi i ymarfer.

'Cofiwch ddysgu'r cyfrinachau i gyd iddo. Wil, ti sydd yng ngofal pethau tan 'ddo i'n ôl. Iawn?'

'Iawn, bòs,' atebodd Wil wrth roi'r teclyn gwarchod dannedd yn ei geg a gweiddi ar bawb i fynd draw at y llinell hanner.

Bu ymarfer cyntaf y tymor yn sesiwn hir a chaled. Anghofiodd Rhydian am fygythiadau Gruffydd; roedd ganddo ormod o bethau eraill ar ei feddwl, yn enwedig cofio cod y gwahanol leiniau.

Geiriau'n dechrau gydag 'W' – i flaen y lein; geiriau'n dechrau gyda 'I' – i ganol y lein; geiriau'n dechrau gyda 'L' – i gefn y lein. Enw cymeriad *Pam Fi Duw* – lein pedwar dyn. Enw tref yn Lloegr – lein pump dyn i dwyllo'r gwrthwynebwyr, ac yn y blaen. Doedd bosib fod gweddill y tîm yn eu cofio i gyd? Gadawodd Rhydian y cae a'i ben yn troi.

Ond roedd wedi mwynhau'n fawr hefyd. Daeth i adnabod rhai o'i gyd-ddisgyblion yn well; rhai nad oedd e wedi siarad llawer â nhw cyn hynny. Yn ogystal ag amynedd Wil yn dangos iddo ble i sefyll, sut i neidio a beth i'w wneud â'r bêl wedi ei dal hi, roedd y ddau brop wedi gofalu amdano wrth ei godi'n uchel i gyrraedd y bêl.

Doedd yr un o'r ddau'n ffrindiau i Rhydian, ond roedd straeon enwog am gampau a chastiau'r ddau ar dripiau oddi cartref. Yn rhyfedd, Daniel oedd enwau'r ddau, ond doedd neb yn eu galw'n Daniel chwaith. Dan y Fawd oedd enw'r prop pen tynn, am i'w gariad wrthod gadael iddo chwarae mewn gêm bwysig y tymor blaenorol am ei bod hithau am fynd i'r sinema. Dan Din oedd y prop pen rhydd. Cafodd ef yr enw am iddo ddangos ei ben-ôl o ffenest gefn bws wrth i'r tîm ddychwelyd o gêm yn erbyn un o ysgolion y De.

O'r cychwyn cyntaf, sylwodd Mr Evans ar allu Rhydian i ddeall rheolau a phwrpas y gêm. Ar ben hynny, roedd Rhydian yn fodlon gweithio'n galed gyda'i dad gartref i wella ar ei fedrau i ddal y bêl yn gywir o'r ciciau ailddechrau ac o'r leiniau.

Bu ei dad yn chwaraewr da ei hun, ac roedd disgwyl iddo chwarae dros un o'r timau dosbarth cyntaf tan i anaf cas chwalu'r freuddwyd. Erbyn hyn, roedd wrth ei fodd yn mynd am 'gic-abowt' gyda'i fab ar ôl diwrnod o waith. Gwyddai fod tipyn o addewid yn perthyn i'w fab. Roedd ganddo lygaid craff a meddwl chwim. Perffaith ar gyfer gwneud penderfyniadau anodd. Ond, gwelai hefyd fod diffyg cyfle yn llethu Rhydian.

Gyda'r holl ymarfer datblygodd Rhydian yn gwlffyn go iawn. Lledodd ei ysgwyddau a chryfhaodd ei freichiau. Roedd yn wych yn y leiniau ac yn anodd iawn i'w daclo, unwaith iddo gael y gwynt i'w hwyliau. Gwellodd gymaint, fel y daeth hi'n amhosib i beidio â'i ddewis i chwarae dros yr ysgol.

Trechwyd yr ysgolion cyfagos yn hawdd, ac yn goron ar y cyfan, llwyddodd y tîm i gyrraedd rownd derfynol y cwpan, a hynny am y tro cyntaf ers blynyddoedd.

Yn y sesiwn ymarfer olaf, dridiau'n unig cyn y gêm fawr yn erbyn Ysgol Gymraeg Rhydharri, roedd pawb ar bigau'r drain.

'Dim byd dwl heno nawr fechgyn. Dalwch 'nôl â'r taclo. Sai'n moyn anafiade cyn dydd Sadwrn.' Roedd Mr Evans yn llawn cynghorion doeth a phwrpasol.

Roedd y gêm i'w chwarae ar faes y Gnoll yng Nghastell-nedd. Ddim cystal â'r Strade, meddyliodd Rhydian, ond gwell na'r meysydd gwlyb, digysur arferol, doedd dim dwywaith am hynny.

'Reit! Rwy ishe i chi ddysgu un symudiad newydd cyn i ni fynd. Rhydian sy'n dal y bêl o'r lein bron bob tro, ond ddydd Sadwrn, rwy am i Iwan sefyll ym mlaen y lein a Rhydian, cer di i'r cefn. Wil, towla di'r bêl i Iwan.'

'I Iwan?' gofynnodd Wil mewn syndod.

'A! Ie,' atebodd Mr Evans. 'Y galwad fydd DIM – DIM – SAITH, a fi fydd yn ei alw o'r ochr. Byddai James Bond ei hun yn falch o'r cynllun hyn!'

Roedd Mr Evans yn gwenu fel gât ar y criw ifanc. Iwan oedd y bachgen mwyaf annhebygol i dderbyn pêl mewn lein ac yntau'n dipyn llai na phawb arall.

Pwysleisiodd Mr Evans mai unwaith yn unig y byddai'n defnyddio'r alwad, a hynny dim ond os oedd y sgôr yn dynn. Derbyniodd pawb ei dactegau'n ddi-gwestiwn a bu'r blaenwyr yn ymarfer a pherffeithio'r symudiad, cyn mynd adref i'w cawodydd haeddiannol.

'Ga i air cyn i ti fynd?' Rhoddodd Mr Evans law dadol ar ysgwydd Rhydian.

'Gwranda, Rhydian. O'n i'n athro yn Rhydharri un tro ac rwy'n gwbod fod tîm cryf iawn gyda nhw 'leni eto.'

Gwelodd Mr Evans wyneb Rhydian yn disgyn ac aeth ymlaen i egluro.

'Paid â phoeni. Dyna pam mae cynllun DIM-DIM-SAITH mor bwysig.'

Roedd Rhydian yn dal i fod yn amheus, ond tawelodd ei feddwl rywfaint.

'Drych. Sai'n credu y gallwn ni ennill y gêm heb fod yn gyfrwys, 'na i gyd. Y peth yw, rwy'n nabod steil y dyfarnwr ddydd Sadwrn. Mae e wastad yn sefyll mewn lle nad yw e'n gallu gweld cefn y lein t'weld. Os fydd yn rhaid galw DIM-DIM-SAITH, rwy'n moyn i ti neidio lan a chwmpo i'r llawr yn swnllyd gan esgus fod rhywun wedi dy daro di yn dy wyneb. Os wnei di argyhoeddi'r dyfarnwr, fe ddylen ni gael cic gosb. Ti'n deall?'

Roedd Rhydian wedi ei syfrdanu. Doedd e erioed wedi clywed Mr Evans yn siarad fel hyn o'r blaen.

'Twyllo yw hynny.'

'Na! Nid twyllo, Rhydian. Bod yn gyfrwys, dyna i gyd. Ond cofia. Dim ond ti sy'n gwbod am y cynllun hyn. Gad i bawb arall feddwl mai pêl Iwan yw'r alwad. Iawn?' Arhosodd Rhydian yn fud am oes cyn cerdded adref.

Doedd Rhydian ddim yn gallu byw yn ei groen o hynny tan ddiwrnod y gêm. Credai pawb mai nerfau oedd yn ei boeni. Ac er bod elfen o wirionedd yn hynny, sgwrs Mr Evans oedd yn ei boeni fwyaf. Meddyliodd sawl gwaith am esgus fod anaf arno a thynnu'n ôl o'r tîm, ond roedd hynny'n annheg arno ef, a'i gyd-chwaraewyr. Ceisiai ei gysuro ei hun drwy obeithio na fyddai'n gêm agos ac na fyddai angen defnyddio'r alwad o gwbl.

Doedd dim llawer o ots ganddo pe byddai'r ysgol

yn colli hyd yn oed. Unrhyw beth i beidio â gorfod twyllo.

Bu bron iddo ddweud wrth ei dad droeon ond, er i'r cyfan fod ar flaen ei dafod fwy nag unwaith, doedd e'n methu cael y geiriau allan. Yn waeth na dim roedd y chwaraewyr eraill wedi dechrau galw Iwan yn James Bond, ac roedd hwnnw wrth ei fodd yn esgus achub y byd o bob math o beryglon. Ond dim ond Rhydian oedd yn gwybod gwir arwyddocâd yr alwad gyfrin DIM-DIM-SAITH.

Awr cyn y gêm ac roedd yr ystafell newid ar dân a'r awyrgylch yn drydanol. Y chwaraewyr yn dawel wrth feddwl am eu perfformiadau a Mr Evans fel gwenynen yn mynd o gwmpas pawb, yn annog ac yn cynghori. Gwelodd Rhydian ef yn siarad yn dawel gyda Gruffydd ac roedd yn siŵr iddo'i glywed yn sibrwd 'DIM-DIM-SAITH' yng nghlust y capten.

Yng nghanol pryderon Rhydian a gwynt y Vaseline a'r Deep Heat, camodd prifathro'r ysgol i'r ystafell i ganmol y tîm ar gyrraedd y gêm derfynol a phwysleisio nad oedd ennill cyn bwysiced â mwynhau'r achlysur.

Teimlodd Rhydian ei galon yn neidio i'w wddf a bu bron iddo chwydu yn y fan a'r lle. Ond cyn iddo weld ei frecwast eto, cydiodd Dan Din ynddo'n dynn, a dweud,

'Unrhyw brobleme heddi, ac fe sorta i nhw mas. Canolbwyntia di ar dy waith i ennill y bêl.'

Roedd clywed geiriau mor garedig ar adeg mor dyngedfennol yn hwb i Rhydian. Ond wrth i'r dyfarnwr ddechrau'r gêm, roedd ei fol yn troi unwaith eto. Drwy gil ei lygad gwelodd Mr Evans yn gwenu arno, codi ei fawd a dangos y rhifau 0-0-7 â'i fysedd. Rhedodd i ffwrdd gan gobeithio na fyddai'r freuddwyd yn troi'n hunllef iddo.

Ond buan yr anghofiodd ei bryderon. Cafodd ei daclo gan wythwr Rhydharri – y dacl galetaf a gawsai erioed – a'r funud nesaf roedd eu blaenwyr i gyd yn carlamu drosto; sawl un yn gwneud yn siŵr fod olion eu styds yn gwneud marc pwrpasol ar gefn a choesau Rhydian. Ef oedd yr olaf i godi o'r ryc ond roedd gweld wyneb pryderus ei dad yn y dorf yn ddigon i'w gymell i fynd ymlaen at y sgrym nesaf.

Sicrhaodd cicio tactegol Gruffydd fantais o un pwynt i Frynbugail ar hanner amser. Ond doedd neb arall wedi disgleirio. Roedd Wil wedi colli dwy bêl yn erbyn y pen, Rhydian wedi colli'r bêl mewn un lein ac wedi methu'n llwyr â dal pêl mewn lein arall a doedd Math Bach na Gareth Ifan wedi cael y bêl ar yr asgell o gwbl.

Er gwaethaf hynny, roedd Mr Evans mewn hwyliau da.

'Da iawn, fechgyn. Tynhau ychydig bach, dyna i

gyd sydd ei angen. Wil yn y sgrym, Rhydian yn y lein a thafla di'r bêl mas yn amlach, Gruffydd. Iawn?'

Roedd yr ail hanner yr un mor dynn â'r hanner cyntaf. Cadwodd Brynbugail eu mantais o drwch blewyn, ond gyda munudau'n unig yn weddill, roedd tîm Rhydharri'n gwasgu eto a thîm Brynbugail yn dechrau blino. Gwelodd Rhydian Gruffydd yn gorwedd dros y bêl yn fwriadol.

'Trosedd broffesiynol,' bloeddiodd y dyfarnwr. 'Cic gosb i Rydharri.'

'Hei reff! Pa mor hir yw dwy funud 'te?'

Cyn gynted ag yr agorodd Gruffydd ei geg, atebodd y dyfarnwr yn awdurdodol,

'Sneb yn siarad fel 'na gyda fi gwd boi. Cer â dy dîm yn ôl deg metr. Nawr!'

Suddodd calon Gruffydd. Roedd mynd yn ôl ddeng metr yn golygu fod Rhydharri ddeng metr yn nes at y pyst.

Gwelodd Rhydian eu capten a'u maswr yn trafod y posibiliadau'n gyflym. Gwyddent y dylent gicio am y pyst, ond roedd y Gnoll mor fawr i fechgyn mor ifanc. Penderfynwyd mynd am gic a lein, ennill y bêl a hyrddio drosodd am gais dramatig.

Ochneidiodd holl dîm Brynbugail eu rhyddhad. Ond ar hynny, clywyd llais Mr Evans yn sgrechen yr hyn a fu Rhydian yn ei ofni ers dyddiau.

'DIM-DIM-SAITH! Chi'n deall? DIM-DIM-SAITH!'

Edrychodd gweddill y tîm yn syn ar Mr Evans. Nid ein lein ni yw hi, nid ni sydd i fod i alw, meddyliodd pawb.

Dim ond Rhydian a Gruffydd oedd yn deall arwyddocâd yr alwad. Roedd Mr Evans yn disgwyl i Rhydian ddisgyn o'r lein beth bynnag. Edrychodd Rhydian y tu ôl iddo a gweld Gruffydd yn codi ei ddwrn yn fygythiol tuag ato.

'Glywest ti, Llipryn? Dy fai di fydd e nawr os gollwn ni. Paid â gadel ni lawr.'

Trodd Rhydian yn ôl a gweld fod y lein bron â ffurfio, a bod bachwr Rhydharri ar fin taflu'r bêl.

Cynhyrfodd Rhydian drwyddo. Daeth rhyw benderfyniad newydd drosto a gwawriodd cynllun yn ei ben. Â llais Mr Evans yn dal i weiddi arno i fynd i gefn y lein, rhedodd nerth ei draed at flaen y lein a thynnu Iwan o'r ffordd yn ddiseremoni. Cafodd Dan y Fawd a Dan Din gymaint o sioc fel yr anghofiwyd am y cod cyfrin a gwnaeth y ddau yr hyn sy'n ail natur i ddau brop mewn lein, a chodwyd yr ail reng i fyny fry i'r awyr.

Amserodd Rhydian ei naid i'r dim. Teimlai ei hun yn codi fel roced, cymaint oedd nerth y ddau Dan. Roedd ail reng Rhydharri o fewn trwch blewyn i ddal y bêl, ond llwyddodd Rhydian i gael blaen ei fysedd arni, ei chodi ychydig yn uwch i'r awyr cyn ei dal yn sownd ar yr ail gynnig.

Wrth ddisgyn sylwodd Rhydian fod bwlch enfawr o'i flaen. Dechreuodd redeg fel milgi tuag at y llinell gais. Gwelodd fewnwr Rhydharri'n rhedeg ato ac yn rhoi ei ben i lawr i'w daclo. Yn reddfol, ymestynnodd ei fraich a rhoi llaw nerthol yng nghanol wyneb ei wrthwynebydd a'i wthio'n rymus i'r llawr.

O gornel ei lygad, sylwodd fod asgellwr Rhydharri yn gwibio fel *cheetah* tuag ato. Dim ond yn ei freuddwydion y bu mewn sefyllfa fel hyn o'r blaen.

Roedd cymaint o syniadau'n llifo trwy ei ymennydd fel nad oedd yn gallu meddwl yn glir o gwbl. Penderfynodd gicio'r bêl dros yr asgellwr. Os âi dros y llinell, siawns mai dyna fyddai diwedd y gêm. Os nad âi dros y llinell? Wel, roedd ffordd bell gan Rydharri i fynd i ennill.

Wrth iddo ei argyhoeddi ei hun mai hynny fyddai gallaf, clywodd sgrech aflafar ar ei chwith.

'Pàs nawr! Pàs nawr!'

Yn reddfol, pasiodd Rhydian yn ôl y gorchymyn, er na allai weld neb o'r tu ôl iddo. Â'r bêl ar fin disgyn i'r llawr, gwibiodd Math Bach amdani a'i chodi i'w gôl. Doedd dim angen dau gynnig ar hwnnw. Cyn gynted ag yr aeth y bêl dan ei gesail, gwibiodd fel cath o dân am y llinell. Ond cael a chael oedd hi iddo gyrraedd y llinell gais gyda chefnwyr Rhydharri'n cau amdano.

Roedd y maes yn ferw gwyllt. Cefnogwyr yn rhedeg ar y cae, rhieni'n gweiddi a chymeradwyo a chwaraewyr yn cofleidio, cusanu ac yn taflu ei gilydd i'r awyr. Roedd Rhydian wrth ei fodd yn derbyn canmoliaeth y tîm.

'Waw Rhydian! Beth gest ti i fwyta heddi? Coesau brogaid?' meddai Wil gan wenu.

'Neu rywbeth fel Spring Rolls efallai?' meddai Iwan yn dal i ddioddef ychydig o'r hergwd a gafodd gan Rhydian.

Yng nghanol y dathlu, sylwodd neb bron fod Gruffydd wedi cicio un o'i giciau gorau erioed i sicrhau'r fuddugoliaeth.

Wrth adael y cae, aeth Mr Evans draw at Rhydian. Dechreuodd y bachgen boeni beth fyddai ymateb yr hyfforddwr, ac yntau wedi herio dymuniad ei athro. Ond doedd dim raid iddo fod wedi poeni.

'Rhydian bach. Diolch i ti, o waelod calon. Dangosest ti i fi heddi nad twyllo yw'r ffordd i ennill gêm. Chwarae o fewn y rheolau fydda i bob tro o hyn mas, waeth pa mor bwysig yw'r gêm. Cer nawr i ga'l dy gawod. A diolch eto.'

Roedd y dathlu'n parhau yn yr ystafell newid, a sŵn canu buddugoliaethus yn llenwi clustiau pawb.

Ymunodd Rhydian yn yr hwyl gan ddechrau canu 'Calon Lân' gydag arddeliad yn y gawod.

Mewn dim o dro, a heb i Rhydian sylweddoli, dim ond Gruffydd ac yntau oedd ar ôl yn ymolchi. Cyn iddo allu diflannu, dyma Gruffydd yn rhoi llaw esgyrnog yn dynn am wddf Rhydian a gwasgu. Gwelodd Rhydian yr olwg fileinig ar wyneb y capten a rhwng dannedd oedd bron â chau, ysgyrnygodd,

'Ti'n lwcus, Llipryn. Os nei di rywbeth fel 'na 'to, fe 'na i dy falu di'n rhacs. Ti'n clywed?'

Am yr ail waith mewn munudau, daeth rhyw benderfyniad sydyn dros Rhydian. Â'i holl nerth, anelodd ddwrn i asennau Gruffydd. Gwyddai ei fod wedi ei fwrw'n galed gan fod sŵn y glec yn atseinio dros sŵn y dŵr. Disgynnodd Gruffydd fel sachaid o datws, a gadawodd Rhydian e'n griddfan ar y llawr.

Cafodd Rhydian sioc o weld fod cymaint o bobl, yn athrawon, cyd-ddisgyblion a rhieni wedi aros y tu fas i'r ystafell newid i longyfarch y tîm ar eu buddugoliaeth. Aeth yn syth at ei dad ac fe gofleidiodd y ddau ei gilydd yn dynn.

'Mae Mr Evans newydd ddweud y stori 007 wrtha i, Rhydian. Rwy mor falch ohonot ti. Da iawn wir,' dywedodd ei dad gan hanner chwerthin, hanner llefen.

Yn sydyn, torrodd llais y prifathro dros y cynnwrf.

'Yn sgil llwyddiant heddiw, byddwn yn cynnal barbaciw yn yr ysgol Nos Fercher nesaf i ddathlu'r fuddugoliaeth. Mae croeso i bawb – athrawon, rhieni, disgyblion a ffrindie'r ysgol – i ymuno yn y parti. Diolch yn fawr.'

Bu'r ysgol yn dathlu am wythnosau, a Rhydian fel pawb arall yn mwynhau'r sylw a'r clod.

A Gruffydd. Wel! Mae'r ffaith iddo fod mor dawel ar ôl y gêm yn ddirgelwch i bawb. Pawb ond Rhydian, wrth gwrs.

'. . . and don't give the diawled a chance!'

Gwion Hallam

Roedd gadael yr ysbyty'n ddigon anodd ar y gorau heb sôn am y *revolving doors*. Gwyddai Barry eu bod yn ei ddisgwyl ar waelod y coridor hir. Drysau cul yn troi'n bwrpasol i'w wasgu. Drysau a fyddai'n drysu pobol denau heb sôn am foi tew fel fe. Ond roedd digonedd o le: ei feddwl ei hun oedd yn gul. Yn amau ei allu fel arfer.

Wrth gerdded am y bws edrychodd yn ôl ar yr adeilad hyll a'r ffenestri'n goleuo'n obeithiol. Edrychodd at ffenest ei dad. Ei ffenest bersonol, yn ei stafell bersonol arbennig. Roedd hi'n dywyll o hyd: y teledu ymlaen siŵr o fod. Y *remote* yn ei law yn chwilio'r sianelau am chwaraeon. Yn rhegi nad oedd rygbi ymlaen.

A meddyliodd am y gêm unwaith eto. Fory, o bob diwrnod! A chlywodd anogaeth ei dad.

'Pen lan – *stay strong – and don't give the* diawled *a chance!*'

Dyna *motto* ei dad, a rhaid oedd cytuno. A gwyddai ei fod wedi gwenu wrth adael, wedi gwenu a nodio tra bod ei stumog yn troi! Roedd awydd chwydu arno cyn chwarae bob tro. Ond wrth adael ei dad a'r holl wifrau a'r bagiau plastig llawn gwaed o'i gwmpas gwyddai y byddai'n rhaid iddo wneud. Rygbi oedd bywyd ei dad. Gêm fach fyddai hon ond yn bwysicach na'r byd i'w dad.

A fory o bob diwrnod! Wrth gamu i'r bws roedd y cwestiwn yn cicio yn ei feddwl. Pam ddiawl fod y gêm yr un diwrnod â'r dawnsio? Ddydd Gwener Eisteddfod yr Urdd – uchafbwynt y flwyddyn i Barry. Cyfle arall i ddawnsio gyda Mari. Ei gyfle i arddangos ei grefft. A'r eisteddfod yn ei dref ei hun!

* * *

Byddai'r tîm yn cyrraedd y ffeinal bob tro. Wedi gwneud bob blwyddyn. Wedi hen arfer perfformio ar y llwyfan mawr. Y tîm dawnsio gwerin, hynny yw. Gwelodd Barry y parti dawnsio yn ffenest gymylog y bws. Y dwsin yn dawnsio – eu llinellau yn berffaith fel arfer. Y parti gorau a ddysgodd Miss Fishwick erioed. Fe ddywedodd hynny ei hun, a dim ond ffŵl fyddai'n amau hyfforddwr mwyaf profiadol y wlad. Graham Henry'r gamp.

Gwyliodd Barry ei hun yn y ffenest.

'*My prodigy*' roedd hi'n galw Barry, neu '*my star player*' pan oedd hi wir wedi ei phlesio. Fe sylwodd arno'n ifanc pan oedd hi ar sgowt yn ei ysgol mewn

twmpath di-nod – 'friendly' fel y byddai Miss
Fishwick yn ei alw. Sylwodd arno'n syth. Y bachgen
trymaf, ond ysgafnaf ar ei draed, a welodd hi erioed.
'Natural mover' meddai'n wybodus gan roi gobaith i
Barry a rheswm iddo fod yn y byd.

Sychodd y ffenest â'i law drom ond arhosodd y
llun yn ei feddwl. A'r bws yn arafu sibrydodd yr
alaw gan gyfri i guriadau'r triongl. Ting . . . ting . . .
ting a'i draed yn dechrau dawnsio wrth i'r drws agor
â sgrech a bloedd:

'O na! O na! 'Sdim lle - ma' Big Arse Barry ar y
bws!'

'Ŷch chi miwn neu mas?' meddai'r gyrrwr yn gas
wrth i bawb arall syllu ar Barry.

'Ni miwn . . . ni miwn – fe ffeindiwn ni le . . . fe
wasgwn ni miwn!'

Ac i mewn â'r ddau – roedd digonedd o le yn y
bws – ond fawr o le i eistedd yn ymyl Barry. Roedd
Joni a Kelly fel stereo yn y sedd y tu ôl iddo.

'Ti'n barod?'

'Ti'n barod?'

Ond atebodd e ddim.

'Barod i'r gêm?'

'Barod i'r gêm?'

Nid gefeilliaid oedden nhw o gwbwl. Doedd y
ddau ddim yn perthyn. Dim ond eu bod wedi bod

yn ffrindiau ers oes ac un lot yn dwpach na'r llall. Yn ffaelu meddwl am gwestiynau ei hunan.

'Ond a fydden *nhw*'n barod yw'r cwestiwn?'

'Ond a fydden *nhw* yn bar–'

'Yn barod i wynebu *Y Wal*?' gofynnodd Kelly, y brêns o'r deuawd.

Holodd Kelly'r un cwestiwn wrth gwrs. Ond nid atebodd 'y wal', sef Barry. Gwnaeth Barry ei orau i gofio symudiadau'r ddawns er mwyn anwybyddu'r sŵn o'r tu ôl.

''Na pam ti yn y tîm. Achos bo ti fel wal. Dim ond mynd tano ti neu drosto ti sy'n bosib. Mae'n rhy bell i fynd rownd!'

Roedd y jôc yn rhy gymhleth i Kelly. Gwrandawodd Barry, gan adael i Joni fynd 'mlaen â'i stori arferol – hen stori oedd yn brifo o hyd.

'Ond trueni na allet ti symud! Trueni fod wal yn shwd beth uffernol o drwm ac araf!'

A daeth eu stop: a stop ar eu sŵn, diolch i'r drefn. Canodd Joni'r gloch – canodd Kelly'r gloch ar ei ôl! – ac arafodd y bws a gadawodd y ddau am y dre.

'Diolch i'r duwiau!' meddai menyw o'r ffrynt a phawb arall bron yn clapio eu cytundeb. 'Ti'n fachan rhy fowr i fecso am *no hopers* fel rheina! Anghofia nhw bach . . . *big boy* fel ti!'

Big boy a 'bach' yn yr un frawddeg! A dyna fyddai ei fam yn ei alw – 'bach'. Roedd yn fawr ac yn fach yr un pryd. Yn fach iawn y tu fewn. Yn colli ei fam yn ofnadwy.

*   *   *

Aeth i'w wely ar ôl smwddio'r dillad. Gwisg ei bartner dawnsio, Mari, yn gyntaf ac wedyn ei un e. Yn ofalus ofalus gosododd ei ffrog ar yr *hanger*. Ac yna ei phenwisg a'r ffrils; yn daclus mewn bag, yn barod. A'i ddillad ei hun – y trowsus pengliniau, y crys gwynnach na gwyn a'r *cummerbund* coch, fyddai'n mynd am y canol, wrth gwrs. Y cwbwl yn barod. Yn berffaith. A chasglodd ei git rygbi yn glou. Ei daflu i'r bag . . . rhag ofn.

*   *   *

Roedd y disgwyl yn waeth na dim. O ben pella'r pafiliwn tri-chwarter gwag edrychodd Barry a Mari at y llwyfan. Dim ond rhagbrofion oedd y rhain. Ond roedd y canlyniad yn holl bwysig i bawb.

'Ga i fentyg dy ffôn di pan ddaw'r canlyniad?' holodd Mari gan wybod y câi. 'Wy'n moyn ffono Dadi yn syth. Geith e ganslo'i golff a dod draw.'

'Os fyddwn ni trwyddo,' ychwanegodd Barry'n ansicr, yn ddryswch i gyd; ei deimladau'n od o gymysglyd.

'Ond ti ishe ni i fynd trwyddo, on'd wyt ti?'

'Wel odw . . .'

'Ti ddim ishe i ni golli o achos y rygbi! O achos dy fod ti'n gorfod ware mewn hen gêm fach ddi-ddim!' meddai Mari a'i hwyneb yn fflamgoch.

'Paid siarad mor sofft!' meddai Barry'n grac. Ei lais yn rhy gryf. Yn trio'n rhy galed o lawer.

'Jyst meddwl, 'na i gyd.' Cododd Mari i'w thraed. 'Bod ti'n dachre rhoi miwn i dy dad.' A sgipiodd ei ffordd at y llwyfan a gweddill y parti dawns a'i adael i'w feddyliau ei hun.

Roedd y benbleth yn gwasgu o hyd. Y gêm yn ben tost, a'i dad oedd y pen tost mwyaf un. Pe byddai'r tîm yn mynd trwyddo – y tîm dawnsio gwerin – fyddai'n amhosib iddo chwarae yn y gêm rygbi. Ond os byddai'n chwarae yn y gêm byddai'n rhaid iddo golli'r dawnsio. Peidio dawnsio gyda Mari; ei siomi hi yn arw. A gorfod wynebu Miss Fishwick ei hun. Neu beidio chwarae yn y gêm a siomi ei dad. Torri calon ei dad. Ei siomi unwaith eto.

Ond efallai . . . eisteddodd i fyny wrth feddwl. Peidio chwarae yn y gêm oedd yr ateb, a pheidio dweud wrth ei dad. Gallai ddweud iddo chwarae . . .

'*The stage is too slippy!*'

Fe'i gwelodd hi o bell. Fe'i clywodd hi yn glir fel cloch.

'*The stage was too slippy! What else could I do? I won't let my darlings get hurt.*'

Roedd Miss Fishwick yn dadlau'n ffyrnig â rhyw stiward. Yn mynnu nad oedd rheol i gael, bod rhaid iddi gael arllwys *talc* dros y llwyfan i gyd.

'*And I'll do it again! When the cameras are on! My dancers will always come first! Or would you rather that legs were broken!*'

Coesau pwy oedd y peth? Rhai'r dawnswyr neu'r stiward truenus? Nid oedd neb yn bwysicach na'r dawnswyr ganddi hi. Roedden nhw fel plant i Miss Fishwick. Y nhw oedd ei phopeth a'i phlant. A Barry oedd y ffefryn wrth gwrs.

'*And Barry, come down. You won't hear the result from back there!*'

Nid oedd dewis ond mynd. A chododd o'i sedd . . . ond canodd ei ffôn yr un pryd.

'Helô?'

Ei dad oedd y pen arall.

'Dadi?'

'*Just* eisiau cael gair *with my boy.*'

'Chi'n iawn ŷch chi Dad? *You don't feel no worse*?'

'*I've never felt better* – mae'r gêm . . . *before long. But I wish I was there* . . .'

'*But you will be in spirit,*' meddai Barry yn glou, gan sylwi ar y stiward yn derbyn y papur canlyniad.

'*Far better than that. I might see the game.*'

'Sori?' atebodd Barry gan sylwi ar y stiward yn dringo i'r llwyfan. Yn agor ei geg . . .

'*On video* – but diawl – *it's better than nothing. My* brawd'*s coming over.*'

Gydag un glust clywai'r stiward yn darllen yr enwau. Yr ysgolion llwyddiannus . . .

Yn ei glust arall clywai'i dad yn parablu, '*To film it for me. He's taking some time off* gwaith.'

A'r olaf wrth gwrs . . .

'You don't sound too pleased?'

. . . oedd y nhw.

'Na – popeth yn iawn. Popeth yn grêt. *I'll phone you just after . . .*

'. . . *the game.* Pob lwc i ti, bach.'

Y gair 'bach' yn gwmws fel ei fam . . .

'*You'll do us all proud,*' meddai ei dad a lwmp yn ei wddw.

. . . a Barry yn brwydro rhag llefen.

'Pen lan – *stay strong – and don't give the* diawled *a chance!*'

'Diolch i chi, Dad. Diolch am ffono.'

'Ni trwyddo, ni trwyddo!' gwaeddodd Mari yn gyffro i gyd.

'Fi'n gwbod!'

'Wel pam ŷt ti'n llefen 'te, Barry?'

*   *   *

Nid yw ffrindiau'n gorfod deall. Nid oes rhaid cytuno gant y cant cyn helpu chwaith. Roedd Mari'n gweld fod Barry'n gorfod mynd – nid o ddewis ond o raid. Dyma ffonio ei thad i ddweud eu bod nhw trwyddo ac i ofyn am gael lifft i'r gêm rygbi. Roedd hi'n gwybod fod digon o amser – jyst – i fynd i'r gêm a dod yn ôl i ddawnsio erbyn tri. Oni bai am hynny ni fyddai wedi mynd o gwbwl. Y dawnsio oedd bwysicaf o hyd.

Ond am nawr y gêm oedd popeth.

'Dere 'mlân, Barry Glyn . . .'

'. . . Symuda dy din!' bloeddiodd Mari anogaeth oedd yn iawn o'i cheg hi. Roedd ei geiriau hi yn brydferth i'w glustiau! Yn gyrru ei draed ymlaen. Pum munud i fynd a'r sgôr yn gyfartal a Barry bron marw.

'Come on, Barry boi!'

Ei wncwl oedd yn gweiddi y tro yma. Wncwl Clive, brawd ei dad, yn rhedeg y lein a'i gamera ymlaen drwy'r adeg. Ond roedd lleisiau rhai o'i

chwaraewyr ei hun yn ei wawdio wrth iddyn nhw ei
wthio i gyfeiriad y sgrym.

'Dere mlân, *Big Arse* Barry – 'bach o *action* i'r
camera . . . 'bach o *action* i'r camera! Ody'r stwmps
'na o goese yn gwitho o hyd . . .'

'Odyn nhw'n gwitho?'

Aeth i ganol y sgrym. At ochor y bachwr a Joni –
y mewnwr – ac yntau'n dal i chwerthin o hyd ar ei
jôcs ei hun ac yn barod i daflu'r bêl i mewn.

'Nawr rŷn ni ishe hon 'nôl. Ma' raid i ni sgorio o
fan hyn. Os eith hi'n gyfartal bydd rhaid ware
hanner awr arall. A sai'n credu fod neb ishe hynna . . .
eh Barry?' meddai Joni.

'Eh Barry?' meddai Kelly fel parot wrth ei ochor.

Ond collwyd y bêl a doedd gan Barry mo'r egni i
wthio. Roedd y bêl gyda'r lleill; ei phasio i'w maswr
a'i chicio yn rhwydd lan y cae. Yna roedd pawb yn
cwrso, yn troi ar eu sodlau i ddilyn, yn rhedeg fel
ffyliaid . . . pawb ond Barry. A'r bêl dros yr ystlys
roedd pawb y pen arall yn barod am lein – ond
doedd Barry heb symud o'r fan. Roedd y dorf yn
disgwyl, y dyfarnwr yn disgwyl a Barry heb symud
o hyd.

'Dere mlân, ffati!' oedd y floedd o geg fawr Joni.

'Dere mlân, fatti,' gwaeddodd parot.

Ond nid o geg Kelly y tro hwn, o'r lein y daeth y
llais! Llais merch. Edrychodd ar Mari a'i gweld hi yn

gweiddi ei enw. Ei enw, mae'n rhaid? Achos roedd 'fatti' yn swnio fel 'Barry'. Mor rhwydd i'w cymysgu. Na, 'ffati' ddywedodd Mari hefyd. Ffati!

A gwelodd ei wncwl yn tynnu'r camera o'i lygad. Yn ei ddiffodd mewn siom. Yn ei ddiffodd rhag dangos i'w dad.

'Dere 'mlân, Barry Glyn!' Barry oedd yn siarad yn awr. Yn siarad â'i hun wrth hastu at ben arall y cae.

'Dere mlân, *Big Arse* Barry. Ti'n lletach na hyn. Yn gryfach na nhw. Dere mlân, Barry bach.'

Wrth gyrraedd y lein roedd ei fam wrth ei ochr. Yn ei alw e'n 'bach' – ond yn gwneud iddo deimlo'n fawr. Yn fwy nag erioed. A chlywodd ei dad . . .

'Pen lan . . . *stay strong* . . . *and don't give the* diawled *a chance!'*

Nid y fe oedd y tala. Ond cyrhaeddodd y bêl, yn troelli o ddwylo'r bachwr – Barry a'i daliodd hi gynta cyn hyrddio ymlaen. Roedd y bêl yn ei ddwylo, yn dynn dan ei gesail a milltiroedd i fynd tan y lein. Rhedodd fel tasai hi'n ddiwedd y byd. Trwy lein y tîm arall, fel wal ar olwynion. Fel tarw ar wib at fuwch wasod. A gwelodd y terfyn – y pyst y pen arall – ond roedd cefnwyr y lleill yn y ffordd. Rhai cyflym, rhai cryf penderfynol yn disgwyl amdano â gwên.

Yn gwenu fel merched yn dawnsio mewn rhes!

O gornel ei lygad fe welodd ei wncwl a'r camera

yn ôl wrth ei wyneb yn ffilmio'i gamau i gyd. Fel camerâu teledu yr Eisteddfod! A gwelodd y dorf yn clapio i guriad ei galon – i guriad cerddoriaeth y gêm! Roedd yn y pafiliwn! Yn gwibio ar lwyfan y byd – yn dawnsio – yn sgipio at gefnwyr y lleill. Yn troelli wrth gyrraedd y cyntaf – rhyw *side-step* i'r ochr – a *side-step* i'r canol a heibio. Ac o gylch y canolwr a'i ddrysu â 'chefn wrth gefn' cyn symud ymlaen at y nesaf. A hwnnw yn neidio ond Barry yn stepio mor ysgafn . . . 'tri cham a hop' ac roedd yr olaf o'i flaen, a rhoi *reel* er mwyn cyrraedd ynghynt. Asgellwr ysgyrnog yn barod i'w ddal – yn estyn ei ddwylo . . . a Barry yn estyn! Yn gafael mewn llaw i'w droelli cyn symud ymlaen. Ei droelli fel partner a'i basio ymlaen!

A'r cwbwl o flaen llygad y beirniaid – ei dad y tro hwn, yn y camera . . . ei fam yn ei galon . . . a Mari yn gwylio o'r llinell.

'*Do us proud*, Barry boi . . . dere mlân, Barry bach . . . Barry Glyn, Barry Glyn, Barry Glyn!'

A sgoriodd heb sylwi ar yr wythwr oedd wedi rhedeg yn ôl i'w daclo. Yn dynn ar ei sodlau wrth neidio am gais. Yn cwympo yn drwm ar goes Barry. Yn torri ar guriad y ddawns.

* * *

'*Again* Barry boi. *Let's see it again*!' meddai'i dad a'i lygaid yn fflachio.

Ond digon oedd digon a thynnodd Barry'r fideo o'r peiriant.

'*But*, Barry.'

'*But*, Dadi – ma'r Steddfod ymlân cyn bo hir!'

A llusgodd ei goes boenus at y gwely er mwyn eistedd wrth ymyl ei dad.

'*But visiting's over*,' meddai hwnnw'n syth. '*And there's footy on* BBC 1.'

'*We've got to watch the* Steddfod – *the dancing is on*!'

'Dawnsio gwirion *my arse*! *For crying out loud . . .*'

'*All right then, I'll watch it at home*. Gewch chi ddishgwl ar y *football* wedyn!' meddai Barry wrth godi a'r plaster yn drwm ar ei goes.

'Na na – eistedd lawr. *I'll watch it this once.*'

Suddodd Barry yn ôl ar y gwely.

Gwyliodd y ddau y timau'n dawnsio a'r eilydd yn dawnsio yn ei le. Daeth tîm Barry yn ail.

'*You could have danced better than him even with that gammy leg of yours, Barry bach!*'

Help Llaw

Greville James

'Bydded i'r diffynydd godi i dderbyn sylwadau'r ynadon. Rhowch eich enw i'r llys'

'Yusef Owen Salah,' meddai Yusef a'i geg yn sych grimp.

Edrychodd Yusef yn ofnus ar Glerc y Llys wrth godi. Trodd ei lygaid yn bryderus at Wncwl Billy. Nid ei ewyrth go iawn oedd Billy Bolton mewn gwirionedd ond ffrind da i'r teulu. Roedd Wncwl Billy yn dipyn o arwr gan Yusef; wedi'r cyfan, roedd yn gyn-chwaraewr rhyngwladol rygbi'r undeb ac wedi chwarae rygbi'r gynghrair yn Lloegr. Cafodd winc sydyn gan Billy, cystal â dweud, 'fydd pob dim yn iawn, gei di weld.'

'Rŷn ni wedi trafod pob tystiolaeth a geirda sydd wedi dod i law amdanoch. Ein barn ni yw eich bod wedi ymddwyn yn ffôl iawn. Dyw eich oedran ddim yn esgus i chi droseddu fel hyn, a thynnu anfri ar eich teulu a'ch ysgol. Dwyn yw dwyn, ac efallai bod dyletswydd arnom i wneud esiampl ohonoch fel na fydd pobl ifanc eraill yn eich dilyn i drwbl.'

Wrth glywed y geiriau roedd Yusef yn ysu ar i'r

ddaear agor o dan ei draed a'i lyncu'n gyfan. Roedd dagrau o gywilydd yn dechrau crynhoi yn ei lygaid.

'Nodwn hefyd mai hwn yw eich trosedd cyntaf a bod eich teulu wedi cynnig talu am y dillad wnaethoch chi eu dwyn o siopau'r ddinas; swm sylweddol o arian.'

Wrth glywed hyn powliodd y dagrau i lawr ei ruddiau. Meddyliodd pa mor galed oedd rhaid i'w fam weithio yn glanhau swyddfeydd i'w gynnal ef a Rhian ei chwaer fach.

'Mae eich ewyrth wedi sôn eich bod chi'n gymorth mawr i'ch mam. Mae eich prifathro wedi canmol eich gwaith ysgol, a'ch sgiliau athletaidd. Hefyd mae *imam* eich mosque wedi anfon geirda yn dweud eich bod yn fachgen parod iawn ei gymwynas. . . . Mae'n amlwg fod gan Mr William Bolton ffydd fawr ynoch a'i fod yn barod i ddatblygu eich doniau athletau a chwaraeon. Serch hynny, mae eich trosedd yn un digon difrifol i gyfiawnhau eich cadw mewn Canolfan Gofal Ieuenctid.'

Teimlodd Yusef ei berfedd yn troi'n ddŵr. Beth ddaeth drosto i wneud y fath beth? Oedden nhw am ei daflu ar ei ben i'r carchar wedi'r cyfan? Fflachiodd darluniau ohono'i hun mewn cell drwy'i feddwl.

Ailgydiodd Yusef yng ngeiriau'r ynad. 'Rydym wedi penderfynu eich rhoi ar gyfnod prawf o chwe mis. Bydd eich mam yn gyfrifol amdanoch ond rydym yn gosod amod eich bod yn derbyn rhaglen o hyfforddiant gan Mr Bolton. Bydd yn rhaid i chi ymweld â Swyddog prawf bob wythnos yn ystod y chwe mis. Os byddwch yn troseddu o fewn y cyfnod hwn fe gewch eich anfon i Ganolfan Gofal Ieuenctid am flwyddyn.'

* * *

Bu profiad Yusef yn y llys yn chwarae fel fideo yn ei ben am ddyddiau wedyn. Doedd e byth am ddwyn eto.

Roedd yr oriau o siarad am ei broblemau gyda'i fam ac Wncwl Billy wedi bod yn help i windio tâp ei feddwl yn ôl i weld pam y bu mor wirion â chrwydro siopau'r ddinas yn dwyn.

'Fy mai i yw'r cyfan, Yusi,' meddai'i fam. 'Peth dwl oedd dy symud i ysgol Gymraeg pen arall y ddinas a tithau'n hanner Yemeni a ninnau'n byw yn hen ardal y dociau . . . Dy dad yn cerdded allan. Smo ti'n ffito mewn yn unlle. Does ryfedd dy fod wedi colli dy ffordd . . .'

'Peidiwch, Mam . . .' Cydiodd Yusef yn dynn ynddi gyda'r dagrau'n llifo'n rhwydd o lygaid y ddau ohonynt.

'Cwyd, Yusi cariad, mae fy ysgwydd i'n wlyb i gyd!'

'Sori, Mam. Wna i mo'ch gadael i lawr eto. Rwy'n dechrau cyfnod newydd nawr.'

'O grêt!' atebodd ei fam. 'Cer i dacluso dy stafell 'te!' A chwarddodd y ddau'n iach.

* * *

Roedd Wncwl Billy yn driw i'r addewid a wnaeth i ynadon y llys. Nid oedd noson na phenwythnos yn pasio heb fod ymarfer athletau neu rygbi wedi'i drefnu iddo – a Billy yno gyda'i wats a'i gyngor.

Rhwng y gwaith cartref a'r ymarfer caled bron nad oedd amser gan Yusef i feddwl. Ac roedd diwrnod ei ras ddau gan metr yng Ngêmau Ysgolion Caerdydd wedi cyrraedd chwap.

Roedd Billy wedi prynu tracwisg a sgidiau rhedeg newydd sbon iddo a'i hebrwng ef i'r stadiwm.

'Rho hwn yn dy geg ryw bum munud cyn y ras,' meddai Billy gan estyn tabled iddo.

'Beth? Cyffur? Dim gobaith, Wncwl Billy!' gan edrych yn gas arno. Chwarddodd ei ewyrth, 'Na'r twpsyn. Tabled gliwcos yw hwnna . . . i roi nerth i ti.'

Edrychodd y ddau ar ei gilydd a chwerthin.

'Cadwa dy dracs amdanat tan i ti gyrraedd y blocs. Mae'n bwysig dy fod ti'n cadw'n dwym. A chofia ymlacio dy gorff hefyd.'

Daeth balchder i'w lygaid wrth feddwl am y gefnogaeth yr oedd Billy yn ei rhoi iddo.

Wy'n benderfynol o brofi'n hun. Gwneud pawb yn falch ohona i . . . gobeithio, meddyliodd.

Torrodd sŵn yr uchelseinydd ar draws ei feddyliau. 'Cystadleuwyr y ras ddau gan metr at y man dechrau, os gwelwch yn dda.'

Cydiodd Billy ym mraich Yusef. 'Gwna dy orau, Yusi. Pob lwc!' Gwenodd ar Billy cyn troi at y blociau lle roedd y dechreuwr yn cyhoeddi pwy oedd i redeg ym mha lôn.

'Lôn tri – Salah.' Tynnodd Yusef ei dracwisg cyn mynd i'w lôn. Edrychodd o'i gwmpas. Trodd y rhedwr yn lôn dau ato. *'Running for Wales are we, Dai?'* meddai Leroy Green yn bryfoclyd

Llifodd yr holl atgofion chwerw yn ôl. Cofiodd sylwadau cas plant ardal y dociau nad oedd yn or-hoff o fachgen oedd yn mynd i Ysgol Gymraeg.

'Where's your dragon, Dai. Keep it under the stairs, is it?'

'Keep your leeks under the bed then is it, Dai?'

Cofiodd y geiriau fyddai'n ei wylltio fwyaf, *'Look boys, it's Dai Daffodil – Daft Dai Daffodil.'*

Gwenodd Yusef yn ôl arno. Roedd Yusef yn teimlo'n hollol cŵl a hyderus, yn barod i faeddu Leroy Green a phob un arall. *'Yeah I'm proud to be Welsh, Leroy bach. My daffodil's here, next to my heart.'*

Setlodd ei hun yn gyfforddus yn y blociau gan symud ei fysedd at y llinell. 'Sèt!' Ac, yn sydyn, clec y pistol. Saethodd Yusef allan o'r blociau fel mellten.

Am eiliadau roedd e ysgwydd ac ysgwydd â Leroy tan y llinell gan metr. 'Mae rhaid i fi . . . Mae rhaid i fi.' Yn raddol aeth Yusef ar y blaen. Gallai glywed y dorf yn bloeddio, a'r llinell yn agosáu fesul eiliad. Pen i lawr a dyma fe'n croesi'r llinell. Taranodd yr uchelseinydd, 'Cyntaf, Yusef Salah! . . . Ail . . .'

Rhedodd Wncwl Billy drwy'r glwyd at y trac. 'Pwy yw'r bachgen cyflyma yng Nghaerdydd 'te?' meddai Billy a'i lais yn llawn balchder.

* * *

'Llongyfarchiadau ar ennill ddydd Sadwrn, Salah. Mae'n flin 'da fi nad ydw i'n gallu dy gynnwys di yn un o dimau'r ysgol. Nid cyflymdra yw popeth. Mae'n rhaid datblygu sgiliau rygbi a darllen y gêm.'

Ailadroddodd Yusef eiriau Jim Gym, ei athro Ymarfer Corff, i Wncwl Billy.

'Mae'n amlwg, Yusi, taw dyna beth rwyt ti wir eisiau – bod yn un o dimau rygbi'r ysgol. Mae'n bwysig i ti, on'dyw e?'

'A dweud y gwir, mae'n bwysicach i mi na'r rhedeg,' atebodd Yusef.

'Rhaid cael mwy o rygbi a llai o athletau yn dy raglen felly. Gwell bwrw iddi'n syth, Yusi,' meddai Billy.

'Mae rhaid i ti edrych ar bwy bynnag sy'n derbyn y bêl. Edrycha arna i. Rho dy bwysau ar dy droed dde os wyt ti'n pasio i'r chwith ac fel arall os wyt ti am basio i'r dde. Breichiau dros dy gorff i basio'r bel . . . Dal hi, Yusi. Ddaliest ti hi'n iawn y tro yna.'

Rhedodd y ddau eto. Pasiodd Yusef y bêl at Billy. 'Da iawn, Yusi. Ro't ti wedi edrych arna i wrth basio'r bêl y tro yna.' A dyna sut roedd hi am wythnos gyfan ar ôl ysgol. Taclo, osgoi tacl, cicio, cicio at y llinell, mwy o ymarfer pasio, ochrgamu, cicio at y pyst, cicio gôl adlam, newid cyflymdra a mwy. Roedd Yusef yn dysgu'n gyflym.

*   *   *

'Dwi eisiau i ti weld hen ffrind i fi heno, Yusi. Fe ydy rheolwr tîm ieuenctid y Caerau. Dere â dy ddillad a dy sgidiau rygbi gyda ti.'

Cyrhaeddodd y ddau stafelloedd newid tîm y Caerau. Roedd y tîm ieuenctid yno yn ymarfer ar y pwysau.

'Dwi'n 'nabod Eric ers i'r ddau ohonon ni chwarae yng Nghynghrair y Gogledd.'

'Ie, Billy. Amser maith yn ôl erbyn hyn! Gwranda,

Yusef. Galla i roi gêm i ti ond dim ond am ugain munud fydd hi. Cofiwch fod y bechgyn hyn wedi bod yn chwarae gyda'i gilydd ers blwyddyn neu ddwy erbyn hyn. Canolwr wyt ti, ife?'

'Ie,' atebodd Yusef. 'Dwi'n ddiolchgar i chi am y cyfle, Eric.'

Cyn galw'r bechgyn at ei gilydd aeth Eric i gael gair ag Anwar Hussein, bachgen oedd Yusef yn ei adnabod o'r mosque.

Galwodd Eric am dawelwch.

'Nawr 'te, fechgyn. Dwi eisiau rhoi ugain munud o gêm i Yusef fan hyn. Mae Anwar yn barod i fod ar y fainc tra bydd Yusef ar y maes. OK, fechgyn? Allan â chi i'r cae i ymarfer. Daw Yusef allan ar ôl newid.'

Cafodd Yusef ymarfer gwych a sgwrs ag Anwar i ddiolch iddo am y cyfle. Soniodd Eric ei fod wedi trefnu gêm iddynt yn erbyn Blaencwm Rhondda. Gwyddai pawb y byddai'r gêm honno yn un galed iawn.

Cyrhaeddodd Billy a Yusef y cae yn brydlon.

'Paid poeni am eu maint nhw, Yusi,' meddai Billy ar ôl i dîm Blaencwm redeg i'r cae. 'Mwya eu maint, caleta eu cwymp!'

Cafodd Blaencwm y gorau o'r gêm yn yr hanner cyntaf. Roedd hi'n anodd i Yusef ganolbwyntio ac yntau'n aros am ei 'ugain munud'. Ond yng nghanol yr ail hanner daeth ei gyfle o'r diwedd.

'Reit, Yusef. Gwna dy ore. Bant â ti!'

Sgrym i Blaencwm ond Caerau'n ennill y bêl. Un o'r rheng ôl yn ei chodi, yn hyrddio ymlaen ac yn ffurfio sgarmes. Dyma'r bêl yn ôl ac allan i'r canolwyr. Gwelodd Yusef fwlch yn y canol ac i ffwrdd ag e at eu llinell. Dim ond y cefnwr i faeddu. Cic ymlaen. Gyda'r bêl yn ei law eto taflodd ei hun dros y llinell gais.

Daeth gweddill y tîm ato i'w ganmol. Dyna'r cyntaf o dri chais i Yusef sgorio cyn i Anwar ddod ymlaen eto. Ac fe sgoriodd yntau gais hefyd. Roedd Yusef wrth ei fodd. Enillodd tîm y Caerau o 26 pwynt i 17.

'Mae gêm i ti bob dydd Sadwrn, os wyt ti'n moyn, Yusef,' dywedodd Eric ar ddiwedd y gêm.

'Diolch yn fawr Eric, ond . . . ond . . . fyddai'n well 'da fi ware i dîm yr ysgol.'

Edrychodd Eric yn syn arno. 'Ti a ŵyr orau, ond mae'r cynnig yna i ti.'

'Da iawn, Yusi,' meddai Wncwl Billy ar eu ffordd yn ôl. 'Ond . . . cofia am chwaraewyr eraill y tîm o bryd i'w gilydd. Maen nhw eisiau cael y bêl hefyd!'

*   *   *

'Salah! Dwi'n moyn dy weld di yn y Gampfa amser cinio.' Ac i ffwrdd â Jim Gym fel llong hwylio mewn storm.

Aeth y bore heibio ac ar ôl iddo gael ei ginio ymlwybrodd Yusef i'r Gampfa. Yno yn gwylio gêm badminton roedd Jim Gym. Cerddodd at yr athro.

'Wnes i dderbyn gwahoddiad Billy Bolton i ddod i weld dy berfformans ddydd Sadwrn. Slic iawn. Rhaid i fi ddweud dy fod ti wedi gwella tipyn ar drafod y bêl. Ond mae dy ddwylo bach di wedi cael digon o ymarfer yn ddiweddar on'd ŷn nhw?'

Gwridodd Yusef wrth glywed ei eiriau sarcastig.

'Mae gêm 'da ti i'r ail dîm Sadwrn nesa os wyt ti eisiau.' Bu bron i Yusef ateb 'Na'. Ond roedd cael chwarae i un o dimau'r ysgol yn bwysicach na geiriau cas Jim Gym.

Nodiodd Yusef ei ben.

'Mae'r bws yn gadael am Ysgol Gyfun Cymerau am naw.'

Chwaraeodd Yusef gêm ei fywyd yn erbyn Cymerau. Sgoriodd bedwar cais a gwneud tri chais i eraill. Roedd ei gyflymdra a'i ochrgamu'n wych y diwrnod hwnnw.

Wrth adael y cae, clywodd Yusef athro rygbi Cymerau yn dweud wrth Jim Gym, 'Mae canolwr arbennig o dda 'da ti. Wyt ti am roi *transfer* iddo?' Ond chlywodd Yusef mo ateb Jim Gym.

* * *

'Am ryw reswm dyw e ddim moyn i fi fod yn y tîm, Wncwl Billy.'

'Fentra i byddi di yn y tîm wythnos i ddydd Sadwrn nesa.'

'Mae'n gêm mor bwysig hefyd. Bydd y tîm yn cael ei gyhoeddi ddydd Iau ac mae ymarfer dros y Sul. Mae Clwb Rygbi Caerdydd wedi gadael i ni chwarae ar Barc yr Arfau yn erbyn tîm Ysgol Lannion o Lydaw. Rhaid i mi gael chwarae!'

Ychydig iawn o gwsg a gafodd Yusef y noson cyn enwi aelodau'r tîm. Ac wrth y bwrdd brecwast drannoeth sylwodd ei fam ei fod e'n ddi-ddweud.

'Hei, Yusi. Diwedd y byd ife?' pryfociodd Rhian. Ond doedd e ddim yn yr hwyliau i dderbyn jôc. Cododd ei fag ysgol, cusanu ei fam a gwgu ar Rhian. Gan weiddi 'Hwyl!' trodd ei gefn ar y ddwy syn a cherdded allan drwy'r drws.

Rhedodd i'r ysgol fel pe bai'n rhedeg Marathon Sydney. Pan gyrhaeddodd y Gampfa gwaeddodd rhywun, 'Rwyt ti yn y tîm, Yusi!' Beth? Yn y tîm. I mewn ag e i'r gampfa fel bollt. Dyna'r rhestr. Ei enw! Ei enw! Na. Doedd ei enw ddim ar y rhestr. Oedd yr un a waeddodd wedi chwarae jôc wael arno? Ond gwelodd ei enw ar y gwaelod. *Yusef Salah – ar y fainc.* Ar y fainc! Y fath siom! Efalle taw seren wib oedd e wedi'r cyfan – yng ngolwg Jim Gym, ta p'un. Wrth iddo gyrraedd y tŷ y noson honno, roedd y teulu'n ysu am gael clywed ei newyddion. Roedd ei fam a'i chwaer yn teimlo drosto.

'Paid poeni, Yusi. Efalle bydd yr hyfforddwr yn dy roi di ar y cae yn yr ail hanner.'

Efalle mawr! meddyliodd Yusi.

Daeth bore'r gêm. Roedd Yusef wedi penderfynu nad oedd pwrpas teimlo'n ddiflas bellach. Doedd dim stopio'r teulu rhag bod yno i'w gefnogi ac roedd e'n falch o'u cefnogaeth beth bynnag.

Pan gyrhaeddodd y bws Barc yr Arfau roedd cannoedd yn tyrru i mewn i'r cae. Roedd pawb yn teimlo'r wefr, ac roedd y nerfusrwydd yn dechrau dangos. Ar ôl cyrraedd y stafelloedd gwisgo galwodd Jim Gym aelodau'r tîm at ei gilydd.

'Mae'r ysgol yn disgwyl pethau mawr heddiw, felly peidiwch â'n siomi. Bydd y nerfusrwydd yn diflannu wedi i chi gyrraedd y cae. Chwaraewch fel y chwaraeoch chi yn ystod yr ymarfer yr wythnos diwethaf ac fe fyddwch chi'n iawn. Newidiwch ac wedyn ymlaciwch. Rŷn ni'n mynd i ennill, bois.'

'Iawn te, fechgyn,' ychwanegodd Jim Gym. 'Gwion Evans, ti sy'n mynd gyntaf i'r maes fel capten a Cen Jones nesa fel is-gapten. Pawb i ddilyn y ddau allan. Pob lwc!'

Ac allan â nhw i'r maes. Roedd yr ymwelwyr yno

eisoes, yn sefyll mewn un rhes o flaen yr eisteddle. Aeth Tîm Ysgol Elái allan ac ysgwyd llaw pob un o'r ymwelwyr. Cyfnewidiwyd baneri; baner wen a du Llydaw a Draig Goch Cymru ac arfbeisiau'r ddwy ysgol.

Dewisodd Ysgol Lannion chwarae gyda'r gwynt ac aeth y dyfarnwr at yr hanner. Roedd yr awyrgylch yn drydanol pan giciodd Lannion y bêl i'r awyr. Aeth blaenwyr Elái at y bêl gan ffurfio sgarmes rydd. Daeth y bêl allan i'r mewnwr ac allan at y maswr. Ond roedd un o'r Llydawyr wedi camu i mewn i ryng-gipio! Cydiodd canolwr Lannion yn y bêl a chyn pen dim roedd e wedi ei daflu ei hun rhwng y pyst. Cic hawdd wedyn ac roedd Lannion yn saith pwynt ar y blaen yn barod.

Roedd hi'n gêm galed i flaenwyr Elái. Er eu bod yn drymach, roedd Lannion yn eu gwthio nhw oddi ar y bêl yn gyson. Erbyn hanner amser roedd Ysgol Elái yn gwybod eu bod nhw mewn gêm. Ond roedden nhw'n cadw'u pennau uwchben y dŵr ac wedi llwyddo i'w rhwystro rhag sgorio eto. Aethon nhw i mewn i'r stafelloedd gwisgo i wynebu Jim Gym. Ac roedd ei wyneb e'n dangos ei fod e'n anfodlon iawn ar chwarae'i dîm. Bytheirio a bloeddio wnaeth Jim Gym a doedd ganddo ddim gair i'w ddweud am dactegau.

Rhyw bum munud i mewn i'r ail hanner

ffurfiwyd sgarmes wedi i Siôn Tomos, y canolwr, dderbyn y bêl. 'Crac!' Yng nghanol yr holl fwrlwm o gyrff clywodd pawb sŵn erchyll ar draws y cae. Gwaeddodd rhywun mewn poen. Rhuthrodd y meddyg i'r cae mewn chwinciad, ac roedd llawer o bobl yn gwybod yn barod beth oedd y sŵn.

Roedd Siôn Tomos yn gorwedd ar y llawr ac yn amlwg mewn poen ofnadwy.

'Mae e wedi torri ei goes,' sibrydodd rhywun wrth weld stretsier yn ei gyrraedd.

Cafodd ei gario'n ofalus oddi ar y cae ac arwyddodd y dyfarnwr bod y chwarae i ailddechrau.

'Salah! Ti fydd yr eilydd. Cer mas atyn nhw,' gwaeddodd Jim Gym, ac wedyn mewn llais is, 'a threia ddangos ychydig bach o synnwyr.' Rhedodd Yusef ar y cae i ymuno â'r tîm.

Roedd hi'n gic rydd ar y llinell ddeng metr i mewn i'w hanner, a dyma fewnwr Elái yn anelu ei gic yn ddwfn i mewn i hanner Lannion. Doedd y bêl ddim ym meddiant Lannion yn hir, wrth i Simon Evans ei hadennill â thacl gadarn. Dechreuodd Elái symud y bêl yn bert iawn. Pasiodd eu mewnwr i'r maswr, i'r canolwr cyntaf cyn i Yusef ei chipio. Gwibiodd heibio'u canolwr nhw a thynnu'r cefnwr a'r asgellwr ato cyn ei thaflu allan i Ceri Williams ar yr asgell. Carlamodd Ceri ymlaen a hyrddio'i hun dros y llinell am gais dan y pyst.

Roedd y dorf yn gweiddi ac yn gwneud y sŵn rhyfeddaf wrth i dîm Elái gerdded yn ôl i'w hanner. Ciciodd Owain Morgan y bêl yn syth ac yn gywir rhwng y pyst.

'Reit 'te fechgyn,' gwaeddodd Gwion y capten, 'Amdani! Ewch â'r bêl allan i'r canol. Does dim digon o gyflymdra 'da nhw yn y cefn.'

Derbyniodd blaenwyr Elái y bêl yn syth o'r gic allan; yna at y cefnwyr. Daeth i ddwylo Yusef a rhedodd yntau at ei wrthwynebydd, ochr-gamu ac i ffwrdd ag e ar garlam. Ond roedd cefnwr yn aros amdano. Ciciodd y bêl yn gelfydd a'i chodi cyn carlamu drosodd am gais. Roedd canmoliaeth y tîm yn fiwsig i glustiau Yusef. Roedd e wedi cyrraedd o'r diwedd! Cododd o'r llawr yn wên i gyd.

Pum munud i fynd ac roedd Lannion allan ohoni. Dyma sgarmes yn dilyn lein a bachwr Elái yn taflu'r bêl at y maswr. Pàs gyflym at Yusef a dyna fe'n rhedeg hanner can metr heb i neb ei gyffwrdd. Taflodd ei hun dros eu llinell. Cais arall iddo. Cic hawdd i Elái a dyma chwiban y dyfarnwr yn chwythu dros Gaerdydd. Elái 19, Lannion 7.

Roedd y dorf yn wallgo a'i sŵn yn fyddarol. Cododd blaenwyr Elái Yusef a'i gario o amgylch y maes yn fuddugoliaethus. Edrychodd am ei deulu yn yr eisteddle. Gwelodd ei fam, a'i chwaer a Billy yn cofleidio'i gilydd ac yn neidio lan a lawr.

Ar y ffordd i'r stafelloedd gwisgo, daeth Jim Gym i'w gyfarch. 'Da iawn, Salah. Rwyt ti wedi gwella.'

Bu bron iddo ateb, 'Wel, Mr Edwards. Mae'r dwylo bach yma wedi cael digon o ymarfer yn ddiweddar on'd ŷn nhw!' Ond penderfynodd beidio â cheisio taro'n ôl ar Jim Gym. Meddyliodd Yusef ei fod uwchlaw pethau felly erbyn hyn, ac roedd help llaw Wncwl Billy wedi newid ei fywyd.

'Diolch, syr,' atebodd Yusef, yn wên o glust i glust.

Fel Asyn

Elgan Philip Davies

Cododd y blaenasgellwr o'r sgrym, rhedeg yn syth at fewnwr y gwrthwynebwyr a'i wthio fetr cyfan yn ôl cyn i weddill yr amddiffyn gau amdano a'i daclo. Ond ar yr eiliad olaf cyn iddo ddisgyn i'r llawr, trodd y blaenasgellwr ei gorff a gosod y bêl ar y ddaear er mwyn i'w dîm gael meddiant a pharhau'r symudiad. Cydiodd un o chwaraewyr yr ail reng yn y bêl a hyrddio drwy'r gwrthwynebwyr i ennill dau fetr arall o dir cyn iddo yntau gael ei daclo.

Ffurfiwyd sgarmes ar unwaith a gwthiodd yr ymosodwyr ymlaen gam wrth gam nes i'r bêl gael ei rhyddhau. Cododd y mewnwr y bêl a'i phasio i'r blaenasgellwr oedd wedi cychwyn y symudiad.

'Allan, Huw! Allan!' galwodd yr athro ymarfer corff.

Ond yn syth yn ei flaen at ganol blaenwyr y gwrthwynebwyr yr aeth y blaenasgellwr. Cadwodd yn glòs at yr ysgarmes gan wthio dau chwaraewr allan o'i ffordd a dechrau hyrddiad arall.

'Na! Na! Na!' galwodd yr athro. 'Pawb yma! Ar unwaith! Dewch, siapwch hi!'

Safodd y bechgyn mewn hanner cylch o'i flaen. Roedd y byrraf ohonynt mor dal â'r athro, tra oedd chwaraewyr yr ail reng yn sefyll, yn llythrennol, ben ac ysgwyddau'n dalach nag ef.

Barry John Harris oedd enw'r athro yn llawlyfr yr ysgol, ond Barry Harris oedd ei enw iawn. Ef oedd wedi ychwanegu'r enw John er mwyn i eraill ei gysylltu ef â'r 'Brenin' Barry John. Ond ar waethaf ymdrechion Barry Harris i glosio at un o gewri rygbi Cymru, Barry Bychan oedd e i genedlaethau o ddisgyblion Ysgol Gyfun Pontiestyn.

'Sawl gwaith ydw i wedi dweud wrthoch chi am ledu'r bêl? E? E?' meddai Barry Bychan a oedd, yn ôl ei arfer, yn dweud y drefn drwy ofyn cwestiynau. 'Pam nad ŷch chi'n lledu'r bêl yn gynt? Beth ŷch chi'n meddwl mae Arthur yn ei wneud, e? Disgwyl am fws? Fe sy'n mynd i ennill gêm fory i ni, chi'n gwybod hynny, on'd ŷch chi? A ti, Huw, wyt ti'n fyddar, gwed? E?'

Nid ymatebodd Huw, gan gadarnhau amheuaeth yr athro.

'Wyt ti'n fud hefyd? E? Wyt ti? E?'

'Nagw, syr,' atebodd Huw.

'Wel pam nad wyt ti'n gwrando, 'te?'

Doedd hynny ddim yn gwneud synnwyr i Huw, ond ni ddywedodd air, dim ond aros am y bregeth oedd yn siŵr o ddilyn. Dim ond hanner esgus roedd ei angen ar Barry Bychan i roi llond pen i Huw, ond waeth iddo arbed ei anadl gan nad oedd Huw byth yn gwrando arno ac yntau'n mynd ymlaen ac ymlaen . . .

'Wyt ti'n sylweddoli nad gêm i unigolion yw rygbi, wyt ti?'

. . . ac ymlaen . . .

'Wyt ti'n deall bod gyda phawb eu rôl, pob un â'i ran i chwarae, on'd wyt ti?'

. . . ac ymlaen . . .

'A beth yw rhan blaenasgellwr? Bod yn gyntaf ar y bêl pan fydd y symudiad yn torri a'i chael hi'n ôl yn gyflym i'r cefnwyr i'w galluogi i chwarae gêm lydan. Wyt ti'n deall hynny, wyt ti? Wyt ti?'

Ond weithiau fe fyddai Huw yn ymateb.

'Ond mae'n rhaid amrywio'r chwarae . . .'

'O, ti sy'n hyfforddi'r tîm nawr, ie? Ti sydd wedi bod ar gyrsiau hyfforddi Undeb Rygbi Cymru, ie? Ti sydd wedi bod ar *Heno* yn sôn am sut i ddatblygu chwaraewyr ifanc, ie? Wyt ti'n gwybod sawl math o chwaraewr rygbi sydd, Huw? Wyt ti? Dau! Y rhai sy'n symud y piano a'r rhai sy'n chwarae'r piano. Ac un o'r rhai sy'n symud y piano wyt ti. Y cefnwyr, Arthur a'r lleill, nhw sy'n chwarae'r piano, a'u bwydo nhw yw dy waith di, Huw. Iawn?'

Syllodd Huw yn hurt ar yr athro. Beth ar y ddaear oedd gan bianos i'w wneud â rygbi? Mae'n rhaid fod

Barry Bychan wedi clywed rhywun yn dweud hyn i gyd ar *Y Clwb Rygbi* a meddwl ei fod yn swnio'n dda.

'Ac mae yna restr hir ac anrhydeddus iawn o chwaraewyr piano gyda ni yng Nghymru: Cliff Morgan, Barry John (a phwysleisiodd Barry Bychan enw *Barry John*, fel y gwnâi bob tro), Phil Bennett, Jonathan Davies, Gareth Davies, Neil Jenkins, Arwel Thomas, Stephen Jones . . . rheiny yw'r sêr; dyna'r chwaraewyr mae pawb yn eu cofio. Pwy sy'n cofio'r lleill, e? Pwy sy'n cofio'r bois sy'n symud y piano, e? Pwy sy'n cofio'r blaenasgellwyr? Alli di eu henwi nhw, Huw? Alli di?'

'Dai Morris, John Taylor . . .'

'Ie, wel, efallai fod yna un neu ddau . . .'

'. . . Tommy David, Terry Cobner, Trevor Evans . . .'

'Trevor Evans, *Trevor Evans*! Pwy sy'n cofio Trevor Evans?' meddai Barry Bychan wedi ei gyffroi i gyd.

'Fi, syr!' galwodd Steven Edwards o ganol y bechgyn. 'Roedd e'n chwarae i Abertawe ac fe enillodd nifer o gapiau yn y saithdegau.'

'Da iawn, Steven,' meddai Barry Bychan, a min main i'w lais. 'Ond dwyt ti ddim yn ei gofio fe'n *chwarae*, wyt ti? Wedi clywed amdano fe wyt ti, ddim wedi ei weld e.'

'Nage, syr. Mae gyda ni fideo ohono fe gartre. Mae Dad yn cefnogi Abertawe, syr.'

'. . . Jeff Squire, Paul Ringer . . .'

'Ac rŷn ni i gyd yn gwybod beth ddigwyddodd iddo fe, on'd ŷn ni?' meddai Barry Bychan, gan blethu ei freichiau a syllu'n hollwybodus ar y bechgyn o'i flaen. 'Mynd i'r carchar.'

'. . . David Pickering . . .'

'A chi'n gwybod beth ddigwyddodd iddo fe, syr, on'd ŷch chi, syr?' meddai Steven Edwards. 'Dod yn rheolwr tîm Cymru.'

'. . . Paul Moriarty, Emyr Lewis, Richard Webster . . .'

'Dwi'n gweld nad wyt ti'n cofio am Ma—'

'. . . Mark Perego . . .'

'Iawn.'

'. . . Gwyn Jones . . .'

'Iawn!'

'. . . Colin Charvis . . .'

'Iawn! O'r gorau, dyna ddigon!'

Stopiodd Huw. Roedd wedi enwi bron pawb, beth bynnag, pawb ar wahân i Richie Collins, Martin Williams, Brett Sinkinson . . .

'All neb ddweud dim wrthot ti, allan' nhw, Huw?' meddai Barry Bychan, gan ymestyn ei gorff i'w daldra eithaf a syllu'n syth ar wddf Huw. 'Rwyt ti'n gwybod y cyfan, on'd wyt ti? Ond paid meddwl dy fod ti'n glyfar, achos dwyt ti ddim. Styfnig wyt ti, dyna i gyd – styfnig fel asyn.'

Syllodd Huw ar gorun Barry Bychan. Roedd y

darn moel yn fwy heddiw nag yr oedd y tro diwethaf y cafodd stŵr.

'Wel?' meddai'r athro, gan siglo yn ôl ac ymlaen. 'Wedi colli dy dafod? Dim byd i'w ddweud?'

Carthodd Huw ei wddf, edrych i lawr ar yr athro a gofyn, 'Ai fel blaenasgellwr neu wythwr y chwaraeodd Scott Quinnell ei gêm gyntaf dros Gymru?'

'Y paratoadau ar gyfer gêm fawr fory'n mynd yn iawn?' gofynnodd Haf Morgan, yr athrawes ymarfer corff.

'Nagyn,' ochneidiodd Barry Bychan, gan daflu ei fag chwaraeon i gefn y car a disgyn fel sach daclo yn y sedd yn ei hymyl. 'Does dim siâp ar y blaenwyr, ac mae Huw Phillips yn mynd dan 'y nghroen i; dyw e'n gwrando dim.'

'O? Roeddwn i'n meddwl ei fod e'n chwaraewr da,' meddai Haf Morgan, gan lywio'r car yn araf drwy glwydi'r maes chwarae a heibio i'r disgyblion oedd yn cerdded yn ôl am yr ysgol.

'Hy! Mae e'n *meddwl* ei fod e'n chwaraewr da. Ac efallai y *byddai* e'n chwaraewr da, ond mae e'n styfnig fel asyn. Mae pawb yn gwybod mai gwaith y blaenwyr yw creu platfform i'r cefnwyr gael rhedeg y bêl. Mae Arthur Mathews yn faswr addawol iawn

ac mae'r chwarae wedi ei adeiladu o'i gwmpas ef,
ond dyw e ddim yn cael hanner digon o'r bêl.'

'Roeddwn i'n meddwl mai gêm pymtheg dyn
oedd y gêm fodern,' meddai Haf, gan droi trwyn y
car i mewn i faes parcio'r ysgol.

'Dyw hynny ddim yn golygu fod y pymtheg yn
gyfartal,' meddai Barry Bychan yn sarhaus.

'O? A beth mae'r chwaraewyr eraill yn meddwl
am hyn?'

Syllodd Barry'n syn arni a siglo'i ben. 'Mae gofyn
y fath gwestiwn yn dangos faint rwyt ti'n ei wybod
am hyfforddi. Byth ers y gyfres deledu ddwl yna am
dîm rygbi merched, mae pob merch yn meddwl ei
bod hi'n deall y cyfan am rygbi pan dŷch chi'n deall
dim.'

Cnodd Haf ei thafod. Doedd Barry Bychan byth
yn cydnabod dadleuon pobl eraill; fe fyddai defnyddio
rheolau pêl-rwyd i chwarae hoci yn gwneud mwy o
synnwyr na dadlau ag ef.

'Rhwng anafiadau a salwch, prin digon o
chwaraewyr sydd gen i ar gyfer dau dîm fory, ond
petai pawb yn iach fe ddysgen i wers i Huw Phillips.
Mae'n bryd iddo sylweddoli nad oes yna ddyfodol i
asynnod.'

Ar wahân i'r rheiny sy'n mynd yn hyfforddwyr
rygbi, meddyliodd Haf Morgan, gan gnoi ei thafod
fymryn yn galetach.

'Sesiwn arall fel hwnna a bydda i'n rhoi'r gorau i rygbi,' meddai Huw wrth Steven ar eu ffordd adref o'r ysgol.

'Y tîm tidliwincs wedi gwella'u cynnig, ydyn nhw?' meddai ei ffrind, a oedd wedi clywed y bygythiad droeon o'r blaen.

'Na, dwi'n ei feddwl e'r tro hwn. Mae Barry Bychan yn mynd â'r hwyl allan o'r gêm.'

'Paid gadael iddo fe dy gynhyrfu di,' meddai Steven, yn synhwyro bod pregeth Barry Bychan wedi cael mwy o effaith nag arfer ar Huw. 'Sianela'r cyfan i mewn i'r gêm fory. Dyna'r lle i ti ollwng stêm, ei gymryd e allan ar y gwrthwynebwyr a rhoi . . .'

Cydiodd Huw yn ysgwydd ei ffrind.

'Steve!'

'Ie?'

'Ti'n dechrau swnio fel Barry Bychan.'

'Ydw i?' gofynnodd Steven wedi ei ddychryn.

'Wyt.'

'Does dim pwynt i fi ddweud dim mwy wrthot ti, oes e?'

Ac am y tro cyntaf ers oriau fe wenodd Huw.

Ar ôl wythnos o dywydd sych a mwyn, newidiodd y cyfan dros nos a gwawriodd dydd Sadwrn yn wlyb ac yn oer. Ond nid oedd hynny'n poeni dim ar Barry Bychan; roedd e wedi penderfynu mai gêm agored fyddai'r tîm yn ei chwarae a doedd dim yn mynd i newid ei feddwl.

Digyffro a llawn camgymeriadau fu'r hanner cyntaf, ac oherwydd cyflwr y cae, ymhlith y blaenwyr fu'r rhan fwyaf o'r chwarae – ar waethaf sgrechian Barry Bychan o'r ystlys.

'Allan â hi! Beth ar y ddaear rŷch chi'n . . . Steven! Steven!! Sawl gwaith sy eisiau dweud wrthot ti? Allan! Ar yr ochr agored . . . agored . . . yr ochr dywyll yw honna! Dyna welliant, nawr allan eto, allan i . . . o, na, Huw! Huw!! HUW!!'

Ond roedd gêm glòs y blaenwyr yn gwneud synnwyr i eraill oedd yn gwylio.

'Dyna fe, cadwch bethau'n dynn! Symudwch ymlaen fel uned! Gwthiwch nhw'n ôl! Da iawn!' gwaeddodd Haf Morgan, gan osgoi edrychiad yr hyfforddwr.

Ond ar waethaf anogaeth y dorf roedd yr hanner cyntaf yn frith o gamdrafod, a gorffen yn siomedig wnaeth pob symudiad addawol. Oherwydd y camdrafod cafwyd ciciau cosb di-ri, a manteisiodd Arthur Mathews a maswr Ysgol Uwchradd Emrys Sant ar y diffyg disgyblaeth i sgorio deuddeg pwynt yr un.

Ond os oedd cicio Arthur ar y marc, nid oedd gweddill ei gêm i fyny i'w safon arferol. Nid oedd yr amgylchiadau'n helpu dim, ond y pwysau mwyaf ar ysgwyddau'r maswr oedd disgwyliadau Barry Bychan a'r ffaith ei fod wedi dweud wrtho droeon mai dim ond ef a allai ennill y gêm i'r ysgol. Ond wrth i'r hanner cyntaf fynd yn ei flaen ac yntau'n gollwng y bêl yn amlach nag yr oedd yn ei dal, roedd hyder Arthur yn diflannu'n gyflym.

Deuddeg pwynt yr un oedd y sgôr pan chwythodd y dyfarnwr am hanner amser a rhuthrodd Barry Bychan ar y cae yn syth.

'Dwi ddim wedi gweld perfformiad mwy truenus yn fy mywyd,' oedd ei eiriau cyntaf, ac o'r fan honno fe aeth pethau o ddrwg i waeth. 'Pwy sy'n symud gyflyma, chi neu'r bêl? E? Felly allan â hi. Arthur, dwi ddim yn gwybod beth sy'n bod arnat ti heddiw. Wyt ti am adael y tîm lawr? Wyt ti am fy ngadael *i* lawr? E? A Huw, os gwela i ti'n rhedeg gyda'r bêl yna unwaith eto, fe . . . fe . . .' a gadawodd y bygythiad yn hofran uwchben y blaenasgellwr.

'Nawr, dwi am i chi fynd allan i'r cae yna a dechrau *gwneud* yr hyn yr ydw i wedi'i *ddweud* wrthoch chi.' A gyda hynny o anogaeth cerddodd Barry Bychan am yr ystlys a gadael y chwaraewyr yng nghanol y cae.

O'r ailgychwyn, ymdrechodd Pontiestyn i redeg y bêl, ond yr un oedd y canlyniadau â chynt; y bêl yn cael ei gollwng, ac ysgarmes anniben ar ôl ysgarmes anniben yn dilyn, gydag Emrys Sant yn ennill llawer mwy o'r meddiant ac yn cadw'r chwarae ymhlith y blaenwyr.

Llusgodd y gêm drwy'r ail hanner heb yr un ychwanegiad i sgôr y naill dîm na'r llall, ond yna, gyda dim ond deng munud ar ôl a phawb yn dechrau meddwl y byddai'r gêm yn gorffen yn gyfartal, cafwyd cyfnod mwyaf cyffrous yr holl wyth deg munud.

Cic gosb i Pontiestyn oedd y cychwyn. Saethodd y bêl drwy ganol y pyst o droed Arthur i roi ei dîm ar y blaen, ac roedd hyd yn oed Barry Bychan, gyda buddugoliaeth o dri phwynt o fewn cyrraedd, yn meddwl efallai mai cadw pethau'n dynn fyddai orau bellach.

Ond wedyn fe drawodd Emrys Sant yn ôl pan ollyngodd Arthur y bêl a'i tharo ymlaen o fewn ddeng metr o linell gais Pontiestyn. Rhoddodd pac Emrys Sant eu holl egni i'w gwthiad, ac am fod y tir dan draed yn feddal, gwthiwyd pac Pontiestyn yn ôl dros y llinell gais. Disgynnodd mewnwr Emrys Sant ar y bêl am gais. Methodd y maswr gyda'r trosiad o'r ystlys, ond roedd Emrys Sant yn teimlo'n weddol hyderus, gyda munudau'n unig ar ôl, eu bod wedi ennill y gêm o ddau bwynt ar bymtheg i bymtheg.

Newidiodd cyngor Barry Bychan unwaith eto.

'Rhowch y bêl i Arthur!'

Ond haws dweud na gwneud pan nad yw'r bêl ar

gael, ac roedd Emrys Sant yn ddigon hapus i chwarae'n dynn ac atal Pontiestyn rhag cael meddiant. Yna gyda phrin funud ar ôl daeth llygedyn o obaith. Baglodd wythwr Emrys Sant a gollwng y bêl. Cododd y dyfarnwr ei freichiau i ddangos fod y bêl yn rhydd, a Steven oedd y cyntaf i'w chyrraedd.

Ffurfiwyd sgarmes a daeth y bêl yn ôl ar ochr Pontiestyn.

'Allan!' sgrechiodd Barry Bychan. 'Allan i Arthur!'

Ufuddhaodd y mewnwr, yn falch o roi'r bêl, a'r cyfrifoldeb, i'r maswr.

Daliodd Arthur hi ond roedd rhwng dau feddwl beth i'w wneud â hi a chaeodd blaenwyr Emrys Sant amdano.

'Aaaaaaaa!' sgrechiodd Barry Bychan yn gweld y cyfle olaf yn diflannu.

Ond o'r ysgarmes, a'r bêl yn ei ddwylo, ymddangosodd Huw Phillips. Edrychodd o'i amgylch; roedd Arthur yn dal ar waelod y sgarmes, y llinell gefn ar chwâl, a'r amddiffyn yn rhuthro tuag ato. Edrychodd tua'r ystlys lle safai Barry Bychan a chofiodd am fygythiad yr athro am beidio â rhedeg. Lledodd gwên ar draws ei wyneb. Gollyngodd y bêl o'i ddwylo ac anelu cic adlam i gyfeiriad pyst Emrys Sant.

'BETH?' sgrechiodd Barry Bychan.

Cododd y bêl yn uchel i'r awyr. Roedd annel Huw

yn gywir a disgynnodd y bêl yn berffaith rhwng y pyst.

Chwythodd y dyfarnwr ei chwîb. Roedd Pontiestyn wedi ennill o ddeunaw pwynt i ddau bwynt ar bymtheg.

Ar yr ystlys safai Barry Bychan yn fud. Efallai fod ei dîm wedi ennill ond nid dyna'r dull na'r chwaraewyr y byddai ef wedi eu dewis i ennill gêm.

Torrwyd ar draws ei feddyliau gan lais Haf Morgan.

'Dwi ddim yn gwybod a yw Huw yn styfnig fel asyn, Barry, ond yn bendant mae ganddo gic fel un.'

OTT

Hefin Jones

Bwli oedd Owain Tomos Treharne. Doedd dim dwywaith amdani. Bwli o'r radd flaenaf. Bwli a ddylai fod yn uwch-gynghrair y bwlis.

Roedd Owain Tomos Treharne (neu OTT i'w ffrindiau prin) wedi perffeithio'i grefft ers ei fod e'n fachgen bach. Roedd e wastad wedi bod *over the top*. Ac roedd clywed rhai eraill yn ei alw'n 'OTT' (O-Ti-Ti) yn fiwsig i'w glustiau.

Yn anffodus mae e wedi byw yn yr un stryd â ni erioed, ac mae ein rhieni ni'n ffrindiau mawr.

Y tro cyntaf iddo ddangos ei ddannedd fel bwli oedd pan oeddwn i fawr mwy na thair blwydd oed. Cefais gitâr yn anrheg gan Siôn Corn un Nadolig. Tegan oedd y gitâr. Esgus ei chwarae ro'n i. Ond ro'n i wrth fy modd â hi. A'm hoff gân, yn ôl Dad a Mam, oedd cân roc-a-rôl Rala Rwdins! Fi oedd seren roc-a-rôl gorau'r byd.

Dyna ble roeddwn i ddydd Calan yn bloeddio canu 'Strim stram, strim stram Strempan!' ac fe gydiodd Owain yng ngwddf y gitâr a'i hyrddio yn erbyn wal y gegin mor galed fel bod y darnau plastig wedi disgyn i'r llawr fel cawod o law taranau.

'Strim stram, strim stram Strempan!' gwaeddodd OTT gan sathru ar weddillion y gitâr, a chwerthin.

A dim ond y dechrau oedd hynny.

Bydde fe'n cael ei gadw i mewn, neu'n gorfod bod heb arian poced yn gyson, ond doedd e byth yn dysgu.

Roedd pethau'n waeth byth yn yr ysgol. Roedd e'n dibynnu ar y ffaith na fydden i na'r plant eraill yn dweud wrth yr athrawon am ei gastiau. Ar ôl sbel fydden ni ddim yn trafferthu achwyn amdano am na fydde fe'n cael ei gosbi. Roedd ganddo ryw esgus o hyd. Ac roedd e'n meddwl ei fod e'n hynod o glyfar. Ac mae'n rhaid dweud ei fod e'n gyfrwys, yn gyfrwys fel cadno!

Er mwyn rhwbio mwy o halen yn y briw dechreuodd Owain adrodd, 'OTT! OTT! OTT'n rhy dda i chi!'

A hyd heddiw, mae meddwl amdano'n adrodd y geiriau hynny yn gwneud i mi deimlo'n sâl.

Roedd hi'n rhyddhad i lawer ohonon ni fynd i'r ysgol uwchradd. Yn anaml iawn y bydde Owain a finne'n dod ar draws ein gilydd wedyn. Roeddwn i'n ddigon ffodus i fod yn well na fe yn fy ngwaith ysgol a doedden ni ddim yn cael dim gwersi gyda'n gilydd.

Fel yr aeth amser yn ei flaen, daeth yn fwy amlwg

i mi ac i'm rhieni (diolch byth!) nad oedd dim byd yn gyffredin rhyngon ni bellach. Dim byd ar wahân i rygbi.

Ac i fod yn deg ag Owain, roedd e'n chwaraewr da – da iawn ar adegau. Ond roedd un agwedd o'i chwarae'n ei adael i lawr yn ofnadwy.

Roedd e wedi tyfu'n fachgen cryf a chadarn. Roedd e'n dal, gydag ysgwyddau llydan a breichiau cyhyrog a'i goesau fel dau foncyff coeden. Ac roedd e tu hwnt o gyflym. Roedd e'n cael ei gyfri fel yr wythwr gorau yn hanes yr ysgol gan sawl un. Bydden ni'n aml iawn yn cael y fraint o'i glywed yn gweiddi, 'OTT! OTT! OTT'n rhy dda i chi!' Ond roedd rhai o'r chwaraewyr a'r staff hyfforddi yn dechrau cael llond bola ar ei driciau.

I Owain Treharne, cyfle i frifo ac anafu oedd rygbi. Roedd e fel petai'n gweld pob cyfle i ddamsgen, neu fwrw neu sgathru ei styds ar gyrff ei wrthwynebwyr. Doedd hi'n syndod i neb felly nad oedd Mr Jones, athro chwaraeon yr ysgol, yn teimlo mai fe fydde'r capten gorau i'r tîm.

'Nawr, bois,' meddai Mr Jones yn ddifrifol wrth gyhoeddi ei ddewis. 'Yr un rwy'n gwybod all arwain drwy esiampl yw . . . Hywel.'

'Y . . . y . . . fi, syr?' meddwn i.

'Ie, wrth gwrs,' atebodd yntau.

Anghofia i fyth o'r olwg ar wyneb OTT pan gefais

i f'enwi yn gapten. Fe welais ei lygaid yn culhau a'i
drwyn yn crychu. Doedd e ddim yn hapus o gwbl.
Ddywedodd e ddim byd wrtha i. Ond gallwn weld
ei wefusau'n symud a gwyddwn yn iawn mai, 'OTT!
OTT! OTT'n rhy dda i ti!' roedd e'n ei ddweud.

Roeddwn i'n gwybod fy hunan nad oeddwn i
gystal chwaraewr â rhai o'r lleill yn y tîm, ond
doedd neb yn teimlo unrhyw beth yn fy erbyn i. Neb
ond Owain Treharne, wrth gwrs.

Wedyn daeth y ffrae fawr, a hynny mewn gêm
bwysig hefyd. Roedden ni'n colli o ddau bwynt yn
erbyn un o'r ysgolion cyfagos, ac fe ddyfarnwyd fod
eu rheng-flaen nhw wedi dymchwel y sgrym yn
fwriadol. Cododd Owain y bêl, ac roedd ar fin
cymryd y gic gosb yn gyflym i redeg am gais.
Sylweddolais beth oedd ar ei feddwl a gwaeddais
nerth esgyrn fy mhen ar y dyfarnwr, 'Reff, reff, cic at
y pyst. Cic at y pyst!'

Am funud roeddwn i'n meddwl fod Owain yn
mynd i roi crasfa i fi ar ganol y maes chwarae
ond, yn ffodus i fi, fe gafodd bwl o gydwybod.
Cyn cerdded i ffwrdd gwaeddodd ychydig eiriau
bygythiol ataf oedd yn waeth o lawer na chrasfa,
'OTT! OTT! Gwylia di 'rhen OTT!'

Roeddwn i'n gwybod fod fy newis i fel capten yn
dân ar ei groen e. Roeddwn i'n teimlo mai disgwyl ei
gyfle oedd e, bod ganddo ryw gynllun neu'i gilydd

yn gwreiddio yn ei feddwl a'i fod yn aros am ei gyfle i ddial.

Aeth mis neu ddau heibio, ac i raddau roedd pethau'n mynd yn dda. Fe lwyddodd y tîm i ennill nifer o gêmau gyda'r blaenwyr dan ofal Owain yn mynd o nerth i nerth. Roedd yntau fel petai e wedi gallu canolbwyntio'n fwy ar chwarae rygbi yn lle'r chwarae brwnt.

Roedd yn bleser ei weld e'n derbyn pêl, yn ei dal hi â'i ddwy law ac yn defnyddio holl nerth ei gorff i hyrddio'i wrthwynebwyr o'r neilltu. Roedd bron yn amhosib i un ei daclo, ac yn gwmws fel Jonah Lomu roedd angen o leiaf ddau neu dri i'w gael e i'r llawr. Roedd hyn yn golygu ei fod yn sugno'r amddiffyn ac yn creu lle i'r asgellwyr groesi am geisiau. Yn union fel y dylai rygbi gael ei chwarae.

Er mawr syndod i mi fe ddechreuodd aelodau'n tîm ni gyd-adrodd gydag Owain bob tro y byddai'n disgleirio ar y cae. 'OTT! OTT! OTT yw'r boi i ni!' Pawb ond y fi, wrth gwrs! Sylwai Owain ar hynny bob tro a chwyrnu, 'Smo fi'n clywed dy lais di, Capten Ffantastig!'

Bob tro y gwelwn ef yn dod i'm cyfarfod yn yr ysgol, byddwn yn ceisio fy ngorau i'w osgoi, a hynny heb dynnu gormod o sylw.

Ond un amser cinio, roeddwn i'n siarad gyda'm ffrindiau ar y grisiau wrth giwio i fynd i lawr i'r ffreutur am ginio. Doeddwn i ddim wedi sylwi pwy oedd yn dod y tu ôl i mi.

Yn hollol fwriadol yn ôl tystiolaeth pawb a welodd y digwyddiad, fe wthiodd Owain fy ysgwyddau. Fe gollais fy nghydbwysedd a baglu'n bendramwnwgl i lawr y grisiau. Gwyddwn o'r dechrau fy mod wedi cael f'anafu'n bur ddrwg. Yn ogystal â'r poen annioddefol yn fy mhigwrn, roeddwn hefyd yn gallu teimlo'r dagrau'n llifo'n chwerw i lawr dros fy ngruddiau. A'r cyfan i gyfeiliant geiriau cas Owain Treharne. 'OTT, OTT . . .'

Bu'n rhaid i mi gael ambiwlans i fynd â fi i'r ysbyty. Doedd neb yn yr ysgol yn fodlon fy symud rhag ofn fy mod wedi cael niwed difrifol i fy nghefn. Ond, yn ffodus mewn ffordd, dim ond wedi torri fy mhigwrn oeddwn i. A dyna ddiwedd ar y rygbi am y tymor.

Roeddwn i'n berwi gan gynddaredd tuag at Owain, yn enwedig ar ôl i mi glywed ei fod wedi llwyddo i argyhoeddi'r prifathro mai damwain oedd y cyfan ac nad oedd e wedi bwriadu dim niwed i mi. Yn waeth fyth, fe'i dewiswyd e'n gapten ar y tîm rygbi yn fy lle; roeddwn i'n teimlo'n wan, ac wedi colli fy ysbryd yn llwyr.

Gallwn weld ei wyneb sbeitlyd a'i lais yn chwyrnu, 'OTT! OTT! OTT yw'ch capten chi!'

Bûm yn meddwl am ddial ar fwy nag un achlysur, ond roeddwn hefyd yn gweld nad oedd dim pwrpas. Tynnu mwy o helynt ar fy mhen fyddai hynny'n gwneud yn y pen draw.

Ac ar ben y cyfan, roedd y tîm wedi gwneud yn aruthrol o dda i gyrraedd gêm olaf y tymor ac angen buddugoliaeth i ennill y gynghrair. O ran pwysigrwydd y gêm, gallai fyth fod yn well. Ein gwrthwynebwyr oedd tîm ar y brig ac angen osgoi colli arnyn nhw er mwyn ennill y gynghrair eu hunain. Ond ysgol fach oedd ein hysgol ni, heb ddyfnder yn ein carfan.

Yn ogystal â fi, roedd dau aelod allweddol arall yn methu chwarae'r diwrnod hwnnw. Tony Tal yr ail reng a Ben y canolwr. Roedd y tyndra yn yr ysgol am yr wythnos cyn y gêm fawr i'w weld yn glir ar wynebau'r chwaraewyr eraill, yn enwedig OTT.

Er gwaetha'r anaf, llwyddais i gadw cysylltiad agos â'r tîm dros y flwyddyn, ac fe gefais fynd i weld y rhan fwyaf o'r gêmau gartref ac oddi cartref hefyd. Ond roeddwn i'n tueddu i gadw draw o unrhyw benderfyniadau. Wedi'r cyfan Owain oedd y capten nawr, beth bynnag oedd fy nheimladau am hynny.

Roedd pawb ar bigau'r drain yn yr ystafell newid cyn y gêm fawr. Roedd rhai'n ymestyn eu cyhyrau, eraill yn syllu'n fud ar y llawr a rhai ddim yn gwybod beth i'w wneud oherwydd effaith y nerfau yn eu stumog. Yng nghanol hyn i gyd, fe glywais OTT yn galw pawb ato a dechreuodd siarad ag aelodau'r tîm, ac anghofia i fyth ei eiriau.

'Rhaid neud unrhyw beth i ennill heddiw, bois – lladd y bêl, cic slei, penelin yn nhrwyn rhywun, gwthio oddi ar y bêl. Unrhyw beth i ennill. Unrhyw beth i fod yn bencampwyr. Chi'n deall – OTT! OTT! OTT – dilynwch chi fi!'

Edrychais o gwmpas i weld ble'r oedd Mr Jones, ond gwyddwn fod OTT wedi gwneud yn hollol siŵr nad oedd e na'r un athro arall o gwmpas.

Wrth iddo siarad gallwn ei weld e'n edrych arna i drwy gil ei lygaid. Rwy'n siŵr iddo fod mor haerllug â gwenu arna i hefyd.

Yn bendant gallwn weld ei wefusau'n symud ac yn siapio 'OTT! OTT! OTT'n rhy dda i ti!' Roedd hynny'n ddigon i mi a gadewais yr ystafell newid yn teimlo'n ddigalon iawn. Sut allai e fod mor gas ei agwedd? Er gwaethaf pwysigrwydd y gêm, dim ond gêm oedd hi wedi'r cyfan. Dim ond gêm! Ac roedd y gêm roedd e'n chwarae â fi yn mynd yn fwy cas o hyd.

Ymlwybrais yn araf draw at y cae i gael lle da i wylio'r gêm. Oherwydd pwysigrwydd y gêm es i â'm camera fideo gyda mi hefyd i gofnodi'r achlysur.

Roedd y camera'n hen fel pechod erbyn hyn, a doedd dim dal a fyddai'n gweithio ai peidio, ond roedd yn werth mentro. Wedi'r cyfan roedd hi'n gêm enfawr i'r tîm ac i'r ysgol.

Dechreuodd y gêm yn danllyd a rhaid dweud fod OTT wedi cadw at ei air ar y cae ac roedd gweddill y tîm yn fwy brwnt nag arfer. Cafodd eu bachwr nhw ei daro pan nad oedd yn gallu amddiffyn ei hun ar waelod rỳc. Baglwyd eu mewnwr yn giaidd ar ochr dywyll y dyfarnwr ac anelwyd cic i gefn eu hwythwr dylanwadol hyd nes bod hwnnw'n gwingo'n boenus ar y llawr. Ac OTT oedd yn gyfrifol am y pethau mwyaf ciaidd.

'OTT! OTT! OTT, un brwnt wyt ti!' oedd yn mynd trwy fy meddwl.

Ond er gwaethaf y chwarae brwnt, roedd y tîm arall yn benderfynol o chwarae rygbi da – ond rygbi caled hefyd. Fe lwyddwyd i osgoi gwrthdaro mawr yn ystod yr hanner cyntaf ac erbyn y diwedd roedd pawb – pawb ond OTT – wedi setlo i ganolbwyntio ar y gêm.

Cafwyd rygbi o'r safon uchaf hefyd. Roedd blaenwyr gwydn y ddau dîm yn barod i herio'i gilydd yn y chwarae rhydd ac yn y chwarae tyn. Os oedden ni ychydig yn well yn y leiniau, yna roedden nhw fymryn yn well yn y sgrymiau.

Roedd cefnwyr y ddau dîm yn rhai mentrus.

Pawb yn gwneud eu gorau i chwilio am y bylchau ac yn creu patrymau pert yng nghanol y cae i wneud lle i'r asgellwyr ei hanelu hi am y llinell gais.

Cymeradwywyd y ddau dîm ar safon y chwarae gan y dorf ar ddiwedd yr hanner cyntaf, ac aeth pawb am eu horennau'n fodlon, er braidd yn flinedig.

Ond yn fuan ar ddechrau'r ail hanner daeth y digwyddiad mawr. O rỳc yng nghanol y cae clywyd y sgrech fwyaf annaearol. Syfrdanwyd pawb gan y sŵn dychrynllyd.

Doedd neb yn siŵr iawn am funud beth oedd wedi digwydd; gormod o gyrff ar ben ei gilydd a'r rheiny'n codi'n araf. Ond, wrth i bawb symud o'r ffordd, roedd 'na un chwaraewr yn dal i orwedd ar y llawr. Un o'n tîm ni, a rhif wyth ar ei gefn!

Cyn gynted ag y gwelodd y dyfarnwr y chwaraewr, gwaeddodd ar y dyn cymorth cyntaf i ddod ar y cae, a gweiddi ar rywun arall i ffonio am ambiwlans. Aeth cynnwrf anghyffredin drwy'r dorf ac roedd yn amlwg bod yna bryderu mawr am y bachgen. Gwelais ei rieni'n rhedeg ar y cae, ei fam yn llefen y glaw, a'i dad fel rhywbeth gwyllt, newydd ddianc o'r sw. Roedd hi'n amlwg i bawb fod y gêm wedi dod i ben.

Pan ddaeth pethau'n gliriach, sylweddolwyd fod Owain Treharne wedi cael ychydig o flas ei foddion ei hun. Roedd rhywun wedi sefyll ar ei ben, a hynny'n hollol fwriadol. Doedd neb yn siŵr esgid pwy oedd wedi sgathru i lawr ei foch chwith, nes peri i'r gwaed lifo'n un pistyll coch di-ddiwedd, ond gallai pawb o gwmpas y cae weld fod y digwyddiad yn un difrifol. Roedd Owain yn gwaedu fel mochyn ac yn udo fel asyn yn ei boen.

Ond, yn dawel fach, doeddwn i ddim yn gallu cydymdeimlo. Roeddwn yn teimlo fel gwthio fy ngwyneb i'w wyneb ef ac adrodd, 'OTT! OTT! Gêm rhy frwnt i OTT!' A'i adrodd drosodd a throsodd.

Roedd OTT wedi gwneud fy mywyd yn uffern ar hyd y blynyddoedd, a'r bagliad bwriadol yn y coridor yn benllanw'r cyfan. A beth am y siarad milain yn yr ystafell newid cyn y gêm?

Bu'n rhaid iddo fynd yn syth i'r ysbyty a chael deg pwyth i ddal ei foch at ei gilydd. Mae'n debyg y bydd ganddo graith amlwg am byth.

A'r gêm. Penderfynwyd ei gohirio hyd nes i bwyllgor y gynghrair gael amser i bwyso a mesur y digwyddiad yn llawn ac ystyried y dystiolaeth.

Danfonwyd llythyr at yr ysgol yn gofyn i unrhyw un oedd â gwybodaeth am y digwyddiad fynd at y prifathro i ddweud beth a welwyd.

Gwyddwn mai fi ddylai fod y cyntaf yno.

Gwyddwn y dylwn fod wedi dangos y ffilm oedd gen i'n ddiogel dan fy ngwely gartref. Ond roedd rhywbeth yn fy nal i'n ôl.

Roeddwn yn gwybod yn iawn fod y digwyddiad ar fy nghamera fideo, ond llwyddais i argyhoeddi pawb fod y camera'n hen a di-ddal, ac nad oedd dim byd pendant i'w weld o'r digwyddiad.

Rwy'n credu fy mod wedi gwadu'r gwir i ddechrau achos fy mod i'n teimlo ei fod e'n haeddu popeth gafodd e. Croesodd fy meddwl sawl gwaith y gallwn ddinistrio'r casét a dweud fod damwain wedi digwydd. Ond doeddwn i ddim yn gyfforddus yn dweud celwydd chwaith. Dim ond pan welais ei wyneb ar ôl iddo ddod allan o'r ysbyty y gwnes i gyffesu'r cyfan wrth Dafydd fy ffrind gorau. Roedd hi'n amlwg o'r ffilm mai troed wythwr y gwrth-wynebwyr oedd wedi achosi'r niwed.

Ddywedodd Dafydd ddim byd wrtha i, chwarae teg. Wnaeth e ddim mynnu fy mod yn mynd yn syth at y prifathro. Roedd e'n gwybod yn iawn beth oedd fy nheimladau tuag at OTT, a'r ffordd yr oedd yntau wedi fy nhrin innau (a Dafydd hefyd) yn y gorffennol.

Ond mae'n rhaid ei fod wedi gwneud rhywbeth ynglŷn â'r peth, oherwydd y noson honno, daeth cnoc ar ddrws ffrynt ein tŷ ni. Yno safai rhieni Owain. Roedden nhw wedi dod draw i gael gair am y fideo ond dim ond ar ôl iddyn nhw ymbil arna i i roi'r fideo i'r prifathro y gwnes i gytuno. Fe wyddwn innau o'r gorau erbyn hynny mai dyna'r peth gorau i'w wneud hefyd. Roedd popeth wedi mynd i'r pen a fy nghydwybod yn pigo'n llawer rhy gyson i minnau fod yn hapus yn fy mywyd.

Dwi ddim yn gwybod yn iawn hyd heddiw beth yn union ddigwyddodd o ran canlyniad y gêm.

Rwy'n gwybod fod digon o dystiolaeth i ddangos pwy wnaeth y drwg i Owain, ond roedd digon o ddigwyddiadau eraill yn profi ei fod yntau wedi bod yn euog ei hun o chwarae brwnt.

Beth bynnag, penderfynwyd y byddai'r ddau chwaraewr yn cael eu cosbi'n hallt i ddangos esiampl i'r gweddill ohonom ni. Cafodd y ddau eu gwahardd rhag chwarae rygbi i'w hysgol am flwyddyn gyfan, ac erbyn i'r gwaharddiad ddod i ben, roedd OTT wedi penderfynu gadael yr ysgol i fynd i weithio yn iard goed ei dad.

Rwy'n cofio'r union ddyddiad y clywais y newyddion; mae e yn fy nyddiadur. Roedd y dagrau'n llifo pan sgrifennais y geiriau hallt hyn:

'OTT! OTT! Bwli, bwli cas wyt ti!

OTT! OTT! Dwyt ti ddim yn well na fi!'

RHAGOR O STORÏAU GWYCH
GAN GOMER

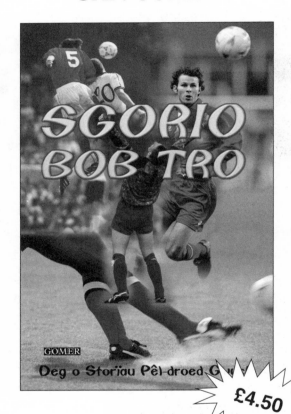

£4.50

Deg stori llawn sbort
am bêl-droedwyr brwd

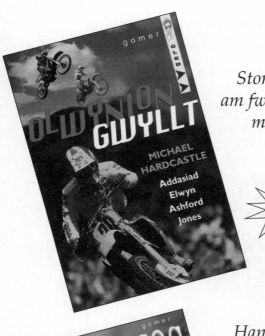

*Stori gyffrous
am fwrlwm y trac
moto-crós*

£3.95

*Hanes deifiwr
penigamp sy'n
mynd i chwilio am
ei fam go iawn*

£3.95

DITECTIFS Y WE

£3.95
yr un

*Ditectifs ifanc
sy'n medru dal
lladron a dihirod
ar y We!*